RELATION

DE LA CONVERSION

DE

M. A.-M. RATISBONNE.

On trouve à la même librairie :

La gravure de la chapelle de l'archiconfrérie de Notre-Dame-des-Victoires.

Cette gravure est sur acier, et représente exactement la chapelle telle qu'elle est.

Sur le marchepied de l'autel, du côté de l'Évangile, on voit le vénérable M. Dufriche-Desgenettes, à genoux, et très-ressemblant, offrant à la sainte Vierge l'*Archiconfrérie et les Vœux des Associés.*

La gravure est sur acier de 40 centimètres de hauteur, sur 30 centimètres de largeur.

Le prix est de . . . . 1 fr.

Papier de chine. . . . . 1 fr. 25.

On donne 8 exemplaires pour. . . . 6 fr.

16 id. . . . . 12 fr.

Un cent . . . . 50 fr.

La même réduite en petit pour mettre dans les livres, et servant de billet d'agrégation . . 10.

Le cent. . . . . 7 fr.

La même, avec la prière *Souvenez-vous*, les indulgences plénières et les pratiques . 15.

Le cent, avec prière. . . . . 12 fr.

Le Manuel de prières de l'archiconfrérie, 2 fr.

Les Annales de l'archiconfrérie, chaque numéro . . . . 75.

Poissy, Imp. d'Olivier-Fulgence.

RELATION
DE
LA CONVERSION
DE
M. A.-M. RATISBONNE,

PAR M. LE BARON TH. DE BUSSIÈRE

SUIVIE DE LA

LETTRE DE M. A.-M. RATISBONNE SUR SA CONVERSION.

Édition augmentée du DÉCRET de Rome, constatant ladite conversion MIRACULEUSE.

À LA BIBLE D'OR.
PARIS,
LIBRAIRIE CATHOLIQUE DE P.-J. CAMUS,
Rue Cassette, 20.

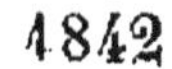

1842.

DÉCRET

CONSTATANT LA CONVERSION MIRACULEUSE D'ALPHONSE-MARIE RATISBONNE.

AU NOM DE DIEU. AINSI SOIT-IL.

L'an de notre Sauveur et Seigneur Jésus-Christ mil huit cent quarante-deux, de l'indiction romaine le quinzième, la douzième année du pontificat de N. S. P. le pape Grégoire XVI, le troisième jour de juin.

En présence de l'Éminentissime et Révérendissime seigneur Constantin, cardinal Patrizi, vicaire général de N. S. P. le Pape, dans la ville de Rome, juge ordinaire de la Cour romaine et de son ressort, a comparu le Révérendissime François Anivitti, promoteur fiscal près le tribunal du vicariat, spécialement délégué par l'Éminentissime et Révérendissime cardinal vicaire, à l'effet de rechercher et d'examiner les témoins relativement à la vérité et à l'authenticité de la merveilleuse conversion du judaïsme à la religion catholique, qu'a obtenue, par l'intercession de la bienheureuse Vierge Marie, Alphonse-Marie Ratisbonne, de Strasbourg, âgé de vingt-huit ans, alors à Rome. Lequel promoteur déclare s'être appliqué à satisfaire, avec toute la sollicitude et le zèle dont il est capable, au devoir dont il a été chargé, et qu'il a accepté avec empressement; il dit avoir soumis à un examen formel des témoins, au nombre de neuf, qui tous, juridiquement interpelés, ont montré, dans leur récit plein de sincérité, une unanimité merveilleuse en tout ce qui se rapporte, soit à la substance du fait, soit aux résultats de cet admirable événement. C'est pourquoi, il assure qu'il s'est convaincu qu'il ne reste rien à désirer pour reconnaître ici le caractère d'un véritable miracle. Toutefois il remet la décision complète de l'affaire à Son Eminence Révérendissime, qui, après avoir vu et examiné les actes, les interrogatoires et documents, daignera intervenir, par un décret définitif, selon qu'elle le jugera expédient dans le Seigneur.

En conséquence, après avoir entendu le rapport, et pris connaissance du procès; vu les interrogatoires des témoins, leurs réponses et renseignements; les ayant considérés avec attention et maturité; après avoir recueilli les avis de théologiens et d'autres personnages pieux, suivant la forme indiquée par le concile de Trente (session 25, de l'invocation et de la vénération des saints, de leurs reliques et des saintes images), l'Éminentissime et Révérendissime cardinal vicaire dans la Ville, a dit, prononcé et définitivement déclaré qu'il conste pleinement du vraï et insigne miracle opéré par le Dieu très-bon et très-grand, par l'intercession de la bienheureuse Vierge Marie, dans la conversation instantanée et parfaite d'Alphonse-Marie Ratisbonne, du judaïsme. Et, parce qu'il est honorable de révéler et de confesser les œuvres de Dieu (Tobie, 12, 7), Son Éminence daigne permettre qu'à la plus grande gloire de Dieu et pour accroître la dévotion des fidèles envers la bienheureuse Vierge Marie, la relation de ce miracle insigne puisse être imprimée et publiée, et qu'elle est autorisée.

Donné au palais de l'Éminentissime et Révérendissime cardinal vicaire de la Ville, et juge ordinaire, les jours, mois et an que dessus.

Conforme à l'original, C., cardin. vicaire.

† Lieu du sceau.

CAMILLE DIAMILLA, notaire député. JOSEPH, chan. TARNASSI, secrét.

LETTRE

DE M. LE BARON TH. DE BUSSIÈRE.

Vers la fin de l'automne de l'année 1841, un jeune homme, appartenant à une famille de Strasbourg, distingué par sa position et par l'estime de tous, arrivait à Naples, afin de poursuivre jusqu'en Orient un voyage de santé et de plaisir. Ce n'était pas sans regret qu'il avait quitté sa patrie; car il y laissait une fiancée chérie qu'il aimait comme un trésor d'espérance. Cette jeune fille était sa propre nièce; mais un sentiment mutuel, bien plus que des convenances de famille, avait déterminé ce mariage.

Alphonse Ratisbonne était israélite. Destiné à une position brillante, il se promettait de consacrer tous ses efforts à la régénération de ses coréligionnaires; il rapportait à ce but toutes ses pensées, ses espérances; car il s'indignait de tout ce qui pouvait rappeler la malédiction qui pèse sur les descendants de Jacob. Il n'était encore qu'un enfant, lorsqu'il y a quinze ans, un coup bien sensible vint briser une de ses affections les plus chères. Théodore Ratisbonne, son frère, se convertit au catholicisme et entra dans les ordres sacrés. Le temps n'avait pu cicatriser cette plaie ; chaque année ajoutait à sa haine ; jamais il n'avait pu pardonner à celui qu'il regardait comme un transfuge, et contre lequel il excitait, il nourrissait sans cesse l'opiniâtre ressentiment de la famille.

Cependant le beau ciel de Naples ne pouvait lui faire oublier l'Orient, ni surtout les joies du retour. Il ne lui restait que quelques mois pour visiter la Sicile, Malte et Constantinople. L'été de 1842 devait le ramener près de celle qu'il aimait, et consacrer une union qui fixerait désormais sa position et assurerait son bonheur, il fallait partir. Il sort donc un matin pour aller sans plus de délais, retenir sa place sur le bateau à vapeur qui devait le mener à Palerme. Chemin faisant, il songe qu'il n'a pas vu Rome, qu'une fois de retour, marié, lancé dans les affaires, associé peut-être à la maison de son oncle, il est peu probable qu'il puisse revenir en Italie. Absorbé par ces réflexions, il entre dans un bureau : c'est celui des diligences ; il y retient une place, et trois jours après il est à Rome.

Du moins, il n'y fera qu'un bien court séjour ; sa volonté est précise, son parti irrévocablement pris : dans quinze jours il sera de retour à Naples. C'est en vain que la ville éternelle lui étalerait toutes ses merveilles ; il ne peut rester un moment de plus ; l'Orient et sa fiancée l'attendent.

Le voilà donc visitant les ruines, les églises, les galeries ; entassant les courses, les impressions et les souvenirs confus. Il a hâte d'en finir avec cette ville qu'il est venu voir, moins encore par curiosité que par une sorte d'entraînement qu'il s'explique mal. Il part demain ; mais il doit une visite d'adieu à un ancien ami. Gustave de Bussière a été élevé avec lui dans la même pension, et les deux camarades d'enfance sont restés intimement liés, malgré l'opposition de leurs idées religieuses. Gustave, mon frère, est protestant très-zélé, de la secte des piétistes. Il avait quelquefois essayé, mais en vain, d'attirer à lui le jeune Israélite; les causeries se terminaient ordinairement par deux mots qui rendaient assez bien la situation morale des deux interlocuteurs : *Protestant enragé !* disait l'un; *Juif encroûté !* répondait l'autre.

Ratisbonne ne trouve point mon frère qui était parti pour la chasse. Il vient chez moi*; mais il n'entrera pas; il se contentera de mettre une carte pour prendre congé. Le hasard, ou plutôt la Providence, permet qu'il s'adresse à un domestique italien, qui, le comprenant mal, l'introduit à son grand regret dans le salon.

Jusqu'à ce moment, nous ne nous étions rencontrés qu'une seule fois chez mon frère, et, malgré mes avances, je n'avais obtenu de Ratisbonne que la froide politesse d'un homme bien élevé. Cependant c'est l'ami de Gustave, c'est le frère de l'abbé Ratisbonne, avec lequel je suis intimement lié; je le reçois donc de mon mieux, je lui parle de ses courses; il me raconte ce qu'il a vu dans ses impressions. Il m'est arrivé, ajoute-t-il, une chose assez extraordinaire : en visitant l'église de l'Ara-Cœli, au Capitole, je me suis senti saisi d'une émotion profonde que je ne pouvais expliquer. Témoin de mon agitation, le valet de place me demanda ce qui m'arrivait, si je voulais me retirer, prétendant que plusieurs

* M. de Bussière, auteur de la présente notice, est gendre de M. Humann, ministre des finances.

fois il avait vu des étrangers éprouver cette même émotion.

Il paraît qu'au moment où Ratisbonne me faisait cette confidence, mes regards étincelants de joie semblaient lui dire : *Tu seras des nôtres;* car il se hâta d'affirmer, avec une intention bien marquée, que cette impression avait été purement religieuse et nullement chrétienne. — Notre causerie tendait à la discussion : j'essayais, dans mon entraînement, de lui faire partager mes convictions catholiques, et lui, souriant de mes efforts, me répondait avec une bienveillante pitié pour ma superstition : *Qu'il était né juif, et qu'il mourrait juif.*

Alors il me vint l'idée la plus extraordinaire, une idée du ciel; car les sages du monde l'auraient appelée folie :

« Puisque vous êtes un esprit si fort et si sûr de » vous-même, promettez-moi de porter sur vous ce » que je vais vous donner.

« Voyons, de quoi s'agit-il?

« — Simplement de cette médaille. — Et je lui montre une médaille de la Vierge miraculeuse. Il se rejette vivement en arrière avec un mélange d'indignation et de surprise.

« — Mais, ajoutai-je froidement, d'après votre » manière de voir, cela doit vous être parfaitement » indifférent, et c'est me faire, à moi, un très-grand plaisir.

« — Oh! qu'à cela ne tienne, s'écria-t-il alors en » éclatant de rire; je veux au moins vous prouver » qu'on fait tort aux juifs en les accusant d'obstina- » tion et d'un insurmontable entêtement. D'ail- » leurs vous me fournissez là un fort joli chapitre » pour mes notes et impressions de voyage. » Et il continuait des plaisanteries qui me navraient le cœur; car pour moi c'étaient des blasphêmes.

Cependant je lui avais passé au col un ruban auquel mes petites filles, pendant notre débat, avaient attaché la médaille bénite. Il me restait quelque chose de plus difficile encore à obtenir : je voulais qu'il récitât la pieuse invocation de saint Bernard : *Memorare, ô piissima Virgo* (Souvenez-vons, ô très-pieuse Vierge). Pour le coup, il n'y tint plus; il me refusa positivement avec un ton qui semblait dire : Cet homme est en vérité par trop impertinent. Mais une force intérieure me poussait moi-même, et je luttais contre ses refus réitérés avec une sorte d'acharnement. Je lui tendais la prière, le suppliant de l'emporter avec lui, mais d'être assez bon pour la copier, parce que je n'en avais pas d'autre exemplaire.

Alors, avec un mouvement d'humeur et d'ironie, comme pour échapper à mes importunités : « Soit, » je l'écrirai; vous aurez ma copie et je garderai la » vôtre ; » et il se retira en murmurant tout bas : « Voilà un original bien indiscret. Je voudrais sa- » voir ce qu'il dirait, si je le tourmentais ainsi, pour » lui faire réciter une de mes prières juives. »

Lorsqu'il fut sorti, nous nous regardâmes quelque temps en silence, ma femme et moi. Tout affligés des blasphêmes que nous avions entendus, nous en demandions au ciel pardon pour lui; nous recommandions à nos deux petites filles de réciter le soir l'*Ave Maria*, pour la conversion d'Alphonse.

Désormais toutes les circonstances deviennent si importantes pour constater l'œuvre du Seigneur, que c'est un devoir pour moi de raconter, autant que possible, ce que j'ai fait, ce qu'a fait Ratisbonne, depuis le jour où il a emporté le *Memorare*, jusqu'au moment où la Mère les miséricordes lui arracha le bandeau qui l'empêchait de voir, jusqu'à celui où il a eu le bonheur de faire devant tous profession de la foi catholique.

Ratisbonne ne pouvait assez s'étonner de mes instances; il avait pourtant copié cette prière à laquelle j'attribuais une si puissante efficacité; il la lisait et relisait, afin d'y découvrir ce qui me la rendait si précieuse. A force de la lire, il la savait presque par cœur; elle lui revenait à chaque instant à la mémoire, il la répétait machinalement, comme ces airs qu'on chante intérieurement, sans y penser, en s'en impatientant.

Quant à moi, j'étais tout préoccupé de ce qui s'était passé entre moi et un homme avec lequel je n'avais aucune relation d'intimité, avec lequel j'avais causé ce jour-là, pour la première fois. Je ne pouvais me rendre compte de cette force intérieure qui me poussait vers lui, et qui, en dépit de tous les obstacles et de l'opiniâtre indifférence qu'il opposait à mes efforts, me donnait une conviction intime, inexplicable, que tôt ou tard Dieu lui ouvrirait les yeux. J'étais décidé à l'empêcher à tout prix de partir dans la soirée; j'allai lui faire une visite à l'hôtel Serny, et ne l'ayant point trouvé, je l'engageai par un billet, à vouloir bien passer chez moi, le lendemain dimanche, vers dix heures et demie du matin.

Le soir, selon un pieux usage de Rome, je devais faire, avec le Prince M. A. B. et d'autres amis, la veillée devant le Saint-Sacrement. Je leur recommandai de se joindre à mes prières, pour obtenir de Dieu la conversion d'un juif.

Dimanche 16 *janvier*. — Ratisbonne fut exact au rendez-vous ; et m'abordant d'un air très-dégagé : « Eh bien ! j'espère que vous ne songez plus à vos » rêveries d'hier. Je viens prendre congé de vous, » je pars cette nuit.

— « Mes rêveries ! Ce qu'il vous plaît d'appeler » ainsi me préoccupe plus que jamais ; et quant à » votre départ, n'en parlons plus : car il faut absolu- » ment le remettre à huit jours.

— « Impossible, ma place est retenue.

— « Qu'importe ? allons ensemble au bureau des » diligences, dire que vous ne partez plus.

— « Ah ! cette fois, c'est trop fort ; très-décidé- » ment je pars.

— « Très-décidément vous ne partirez pas, dussé- » je vous tenir sous clef dans ma chambre. »

Et je lui représente qu'il ne peut quitter Rome, sans avoir vu une cérémonie à Saint-Pierre ; que dans peu de jours il aura cette occasion : bref, je l'entraîne tout stupéfait de mon opiniâtreté ; et après avoir été ensemble faire rayer son nom de la liste des voyageurs, je le conduis à l'église des Augustins et à celle du Gésù.

Ce même jour, dînant au palais Borghèse avec M. de Laferronnays*, je lui racontai, dans la soirée, ma préoccupation du moment : je recommandai instamment à ses prières mon jeune Israélite. Il me confessait ingénûment lui-même, dans l'épanchement de cette causerie intime, la confiance qu'il avait toujours eue à la protection de la sainte Vierge, même à une époque où les agitations de la politique ne lui permettaient pas toujours cette

* Ancien ambassadeur de France en Russie.

piété pratique, dont il nous a donné l'exemple dans les dernières années de sa vie. « Ayez confiance, me répétait-il : s'il dit le *Memorare*, vous l'amènerez à la vérité, et bien d'autres encore. »

Lundi 17 *janvier*. — Je fis quelques promenades nouvelles avec Ratisbonne, qui vint me prendre vers une heure. Je remarquais avec chagrin le peu de fruit que produisaient nos conversations : car il était toujours dans les mêmes dispositions, hostile et dénigrant pour le catholicisme, cherchant à échapper par la raillerie aux arguments qu'il ne se donnait pas la peine de réfuter.

M. de Laferronnays mourut presque subitement le soir à onze heures, laissant aux amis, qu'il avait édifiés par la ferveur de ses dernières années, comme à la famille qui le pleurait, l'exemple de ses vertus et la consolation d'espérer que Dieu ne l'avait appelé à lui que parce qu'il était mûr pour le ciel. Habitué depuis longtemps à l'aimer comme un père, je partageais, avec les larmes de tous les siens, les tristes soins qu'imposait cette douloureuse circonstance ; mais le souvenir de Ratisbonne me poursuivait jusqu'auprès du cercueil de mon ami.

Mardi 18 *janvier*. — J'avais passé une partie de la nuit au milieu de cette famille si justement éplorée. Comprenant mieux que personne sa douleur, j'hésitai à me séparer d'elle ; et pourtant une préoccupation inquiète ramenait sans cesse ma pensée à Ratisbonne, comme si une main invisible m'eût poussé vers lui. Je ne voulais pas me séparer de ce qui restait ici-bas de mon ami ; je ne pouvais pas éloigner ma pensée de cette jeune âme que je voulais conquérir à la Foi. Je dis ma lutte à M. l'abbé G... que la Providence a établi depuis longtemps l'ange gardien et le consolateur de la famille Laferronnays. « Allez, me répondit-il, allez, continuez » votre œuvre ; c'est vous conformer aux intentions » de M. de Laferronnays qui a prié avec ardeur » pour la conversion de ce jeune homme. »

Me voilà donc de nouveau courant après Ratisbonne, m'emparant de lui, lui montrant les antiquités religieuses, pour fixer sa pensée sur les vérités catholiques ; mais je parlais en vain. Je voulus qu'il visitât une seconde fois avec moi l'église de l'Ara-Cœli. S'il y éprouva encore une certaine impression, elle fut bien fugitive ; car il m'écoutait froidement et ne répondait à toutes mes réflexions que par des plaisanteries. « Je songerai à tout cela, disait- » il, quand je serai à Malte ; j'en aurai le temps, je » dois y passer deux mois : ce sera bon pour me » désennuyer. »

Mercredi 19 *janvier*. — Je dirigeai notre promenade vers le Capitole et le Forum. Près de là, sur le *Monte-Celio*, s'élève l'église de Saint-Étienne-le-Rond, dont les murs sont couverts de fresques qui représentent avec une effrayante vérité les différents supplices au milieu desquels expiraient les martyrs. La vue de ces tortures fit éprouver à Ratisbonne un sentiment d'horreur.

Je lui montrai, à Saint-Jean-de-Latran, les bas-reliefs placés au-dessus des statues des douze apôtres. Ils représentent d'un côté, les figures de l'Ancien-Testament, de l'autre, leur accomplissement par le Messie : ces rapprochements lui paraissaient ingénieux.

Nous nous acheminions vers la villa Wolkonski. Ratisbonne s'étonnait de ma tranquillité ; il ne pouvait l'expliquer avec cet ardent désir de le convertir, lui qui, disait-il, était plus juif que jamais. Je lui répondis que, plein de confiance dans les promesses de Dieu, j'étais convaincu, puisqu'il était de bonne foi, qu'il serait un jour catholique, quand bien même le Seigneur devrait lui envoyer un ange pour l'éclairer.

Nous passions dans ce moment devant la *Scala santa**, et, désignant mon compagnon, je dis tout haut en ôtant mon chapeau : « Salut, saint escalier : » voici un homme qui, un jour, vous montera à » genoux. » Ratisbonne se prit à rire aux éclats. Nous nous séparâmes, sans que je pusse emporter la plus faible espérance d'avoir le moins du monde ébranlé ses convictions. Mais je croyais à celui qui a dit : Frappez, et on vous ouvrira. J'allai prier près du bien-aimé défunt : agenouillé près de son cercueil, je le conjurai de m'aider à convertir mon jeune ami, si, comme je l'espérais, il était déjà lui-même au séjour des bienheureux.

Jeudi 20 *janvier.* — Ratisbonne n'a point fait un seul pas vers la vérité ; sa volonté est restée la même, son esprit est toujours railleur, ses pensées toujours aux choses de la terre. Il entre, vers midi, au café de la place d'Espagne pour y lire les journaux. Il y trouve mon beau-frère Edmond Humann, s'entretient avec lui des nouvelles du jour avec un abandon et une légèreté qui excluent l'idée de toute préoccupation grave**.

* Escalier du palais de Pilate, que notre Seigneur monta plusieurs fois pendant sa Passion, et qui a été transporté à Rome.

** Il semble que la Providence se soit plu à tout disposer pour exclure la possibilité du doute, sur la disposition d'esprit où se trouvait M. Ratisbonne, au moment

Il est une heure. Je dois prendre quelques arrangements à l'église de Saint-André *delle fratte* pour la funèbre cérémonie du lendemain. Mais voici Ratisbonne qui descend la *via de' Condotti;* il viendra avec moi, m'attendra quelques minutes et nous poursuivrons notre promenade. Nous entrons à l'église. Ratisbonne apercevant les préparatifs du service, me demande pour qui ils sont destinés. — Pour un ami que je viens de perdre, M. de Laferronnays que j'aimais extrêmement. Alors, il se met à se promener dans la nef; son regard froid et indifférent semble dire : « Cette église est bien » laide. » Je le laisse du côté de l'épître, à droite d'une petite enceinte disposée pour recevoir le cercueil, et j'entre dans l'intérieur du couvent.

Je n'ai que quelques mots à dire à l'un des moines : je voudrais faire préparer une tribune pour la famille du défunt; mon absence dure à peine dix ou douze minutes.

En rentrant dans l'église; je n'aperçois pas d'abord Ratisbonne; puis je le trouve bientôt agenouillé devant la chapelle de l'ange saint Michel. Je m'approche de lui, je le pousse trois ou quatre fois avant qu'il s'aperçoive de ma présence. Enfin il tourne vers moi un visage baigné de larmes, joint les mains, et me dit avec une expression difficile à

où la grâce la plus inattendue allait le jeter dans une voie nouvelle. Vers midi et demi, en sortant du café, il rencontre M. de L***, son ami de pension ; il s'entretient gaiement avec lui des choses les plus futiles; il cause de bal, de plaisir et de la fête brillante qu'a donnée le prince ***. Assurément, si quelqu'un lui eût dit dans ce moment : *Avant deux heures vous serez catholique*, il l'aurait cru fou.

rendre : « Oh! comme ce Monsieur a prié pour moi! »

J'étais moi-même stupéfait d'étonnement; je sentais ce qu'on éprouve en présence d'un miracle. Je relève Ratisbonne; je le guide, je le porte, pour ainsi dire, hors de l'église; je lui demande ce qu'il a, où il veut aller. « Conduisez-moi où vous » voudrez, s'écrie-t-il : après ce que j'ai vu, j'o- » béis. » Je le presse de s'expliquer, il ne le peut pas : son émotion est trop forte. Il tire de son sein la médaille miraculeuse qu'il couvre de baisers et de larmes. Je le ramène chez lui, et, malgré mes instances, je ne puis obtenir de lui que des exclamations entrecoupées de sanglots : « Ah! que » je suis heureux! que Dieu est bon! quelle pléni- » tude de grâces et de bonheur! que ceux qui ne » le savent pas sont à plaindre! » Puis, il fond en larmes, en pensant aux hérétiques et aux mécréants. Enfin il me demande s'il n'est pas fou... «Mais non, s'écrie-t-il, je suis dans mon bon sens; mon Dieu! mon Dieu! je ne suis pas fou! tout le monde sait bien que je ne suis pas fou! »

Lorsque cette délirante émotion commence à se calmer, Ratisbonne, avec un visage radieux, je dirais presque transfiguré, me serre dans ses bras, m'embrasse, me demande de le mener chez un confesseur, veut savoir quand il pourra recevoir le baptême, sans lequel il ne saurait plus vivre, soupire après le bonheur des martyrs dont il a vu les tourments sur les murs de Saint-Etienne-le-Rond. Il me déclare qu'il ne s'expliquera qu'après en avoir obtenu la permission d'un prêtre : « Car, ce que j'ai à dire, » ajoute-t-il, je ne dois, je ne puis le dire qu'à ge- » noux. »

Je le conduis aussitôt à l'église du Gésù, près du père Villefort qui l'engage à s'expliquer. Alors Ratisbonne tire sa médaille, l'embrasse, nous la montre et s'écrie : JE L'AI VUE, JE L'AI VUE !!! et son émotion le domine encore. Mais, bientôt plus calme, il peut s'exprimer.

Voici ses propres paroles :

J'étais depuis un instant dans l'église, lorsque tout d'un coup je me suis senti saisi d'un trouble inexprimable. J'ai levé les yeux ; tout l'édifice avait disparu à mes regards ; une seule chapelle avait, pour ainsi dire, concentré toute la lumière, et au milieu de ce rayonnement, a paru debout, sur l'autel, grande, brillante, pleine de majesté et de douceur, la Vierge Marie, telle qu'elle est sur ma médaille ; une force irrésistible m'a poussé vers elle. La Vierge m'a fait signe de la main de m'agenouiller, elle a semblé me dire : C'est bien ! Elle ne m'a point parlé ; mais j'ai tout compris.

Ce court récit, Ratisbonne nous l'avait fait en s'interrompant souvent, comme pour respirer, et maîtriser l'émotion qui l'oppressait. Nous l'écoutions, nous, avec une sainte frayeur mêlée de joie et de reconnaissance, admirant la profondeur des voies de Dieu et les trésors ineffables de sa miséricorde. Un mot surtout nous avait frappés par sa mystérieuse profondeur : *Elle ne m'a point parlé ; mais j'ai tout compris.* — Désormais en effet, il suffit d'entendre Ratisbonne ; la foi catholique s'exhale de son cœur, comme un parfum précieux du vase qui le renferme, mais ne peut le contenir. Il parle de la présence réelle, comme un homme qui la croit de toutes les forces de son âme, c'est encore trop peu dire ; comme un homme qui la SENT.

En quittant le père Villefort, nous allâmes rendre grâces à Dieu, d'abord à Sainte-Marie-Majeure, la chère basilique de la Vierge, puis à Saint-Pierre.

Impossible de rendre les transports de Ratisbonne, lorsqu'il se trouva dans ces églises. « Ah! me di-» sait-il, en me prenant les mains, je comprends main-» tenant l'amour des catholiques pour leurs églises, » et la piété qui les porte à les orner, à les embellir!... » Comme on est bien ici! on voudrait n'en jamais » sortir... Ce n'est plus la terre, c'est presque le » ciel. »

Auprès de l'autel du Très-Saint-Sacrement, la présence réelle de la divinité l'écrasait à tel point qu'il allait perdre connaissance, s'il ne se fût éloigné aussitôt, tant il lui paraissait horrible d'être en présence du Dieu vivant avec la tache originelle. Il alla se réfugier dans la chapelle de la Sainte Vierge.

« Ici, me dit-il, je ne puis pas avoir peur; » je sens que je suis protégé par une miséricorde » immense. »

Il pria, avec la plus grande ferveur, auprès du tombeau des saints apôtres. L'histoire de la conversion de saint Paul que je lui racontai, lui fit encore verser d'abondantes larmes.

Il s'étonnait du lien puissant et posthume, pour conserver son expression, qui l'unissait à M. de Laferronnays; il voulait passer la nuit auprès de son cercueil. La reconnaissance, disait-il, lui en faisait un devoir. Mais le père Villefort, le voyant fatigué, combattit prudemment ce pieux désir, et lui conseilla de ne pas veiller plus tard que dix heures.

Ratisbonne nous avoua alors que la nuit précédente il n'avait pu dormir; qu'il avait eu constamment devant lui une grande croix, d'une forme particulière et sans Christ. « J'ai fait, dit-il, d'in» croyables efforts pour chasser cette image, sans » jamais pouvoir y parvenir. » Quelques heures après, voyant par hasard le revers de la médaille miraculeuse, il a reconnu sa croix!

Cependant, j'éprouvais la plus vive impatience de revoir la famille Laferronnays. J'avais de si douces consolations à leur porter, dans le moment même où l'on allait enlever à leur douleur les restes vénérés de celui qu'ils pleuraient. J'entre dans la chambre mortuaire, dans un état d'agitation, j'ai presque dit de joie, qui fixe soudain l'attention de tous et fait comprendre que j'ai quelque chose de bien important à dire. Tous me suivent dans la chambre voisine, et je raconte à la hâte ce qui vient de se passer.

C'étaient des nouvelles du ciel que je leur apportais. Les larmes de la douleur se changent un moment en larmes de reconnaissance. Ces pauvres cœurs affligés peuvent maintenant supporter avec toute la résignation de vrais chrétiens, le plus cruel des sacrifices, le dernier de ceux que la mort impose, le dernier adieu à la dépouille de celui qu'on a aimé...

Mais j'étais pressé de retrouver le fils que le ciel venait de me donner; il m'avait prié de ne pas le laisser seul; il lui fallait un ami pour épancher dans son cœur les profondes émotions de cette journée.

Je lui demandai de nouveaux détails sur la vision miraculeuse. Il ne pouvait expliquer lui-même comment il était passé du côté droit de l'église à la chapelle qui est à gauche, et dont il était séparé par les préparatifs du service funèbre. Il s'était tout à coup trouvé à genoux et prosterné auprès de cette chapelle. Au premier moment, il avait pu apercevoir la Reine du ciel dans toute la splendeur de sa beauté sans tache; mais ses regards n'avaient pu soutenir l'éclat de cette lumière divine. Trois fois il avait essayé de contempler encore la Mère des miséricordes; trois fois ses inutiles efforts ne lui avaient permis de lever les yeux que jusqu'à ces mains bénites, d'où, s'échappaient, en gerbes lumineuses, un torrent de grâces.

« O mon Dieu! s'écriait-il, moi qui, une demi-» heure auparavant, blasphêmais encore! moi qui » éprouvais une haine si violente contre la religion » catholique!... Mais tous ceux qui me connaissent » savent bien qu'humainement j'avais les plus fortes » raisons pour rester juif. Ma famille est juive; » ma fiancée est juive; mon oncle est juif.... En » me faisant catholique, je romps avec tous les in-» térêts et toutes les espérances de la terre, et » pourtant je ne suis pas fou, on le sait bien que je » ne suis pas fou, que je ne l'ai jamais été! On » doit donc me croire. »

Vendredi 21. — La nouvelle de cet éclatant prodige commençait à circuler dans Rome. On courait de l'un à l'autre, on s'interrogeait, on racontait, on consignait les détails incomplets que l'on avait obtenus. On avait beau se tenir en garde, pour ne rien accepter légèrement, le doute devenait bientôt impossible en présence de faits si évidents, si incontestables. On rendait grâces à Dieu de se trouver à Rome, dans un moment où il avait plu à son inépuisable bonté de ranimer notre confiance pour la

Vierge immaculée, en manifestant d'une manière si admirable la puissance de son intercession. Chacun voulait avoir et entretenir ce jeune homme trois fois heureux, pour qui la Mère de la grâce divine était descendue du ciel.

J'étais avec Ratisbonne chez le père Villefort, lorsque le général Chlapouski pénétra jusqu'à nous. « Monsieur, vous avez donc vu l'image de la sainte Vierge? et dites-moi comment.... — L'image! monsieur, interrompit Ratisbonne, l'image! mais je l'ai vue elle-même, en réalité, en personne, comme je vous vois là... »

Je ne puis m'empêcher de l'observer ici : si quelque illusion eût été possible, avec les circonstances de caractère, d'éducation, de préjugés, d'intérêt de cœur et de position que j'ai racontées, elle n'aurait pu du moins être produite par aucune représentation extérieure ; car il n'y a dans la chapelle, où s'est opéré le miracle, ni statue, ni tableau, ni image quelconque représentant la Vierge.

Je voulus conduire Ratisbonne dans le sein de la famille Laferronnays. L'évènement le plus important de sa vie était tellement uni avec le malheur qui les accablait tous, que c'était un devoir pour lui d'adoucir l'amertume de leurs larmes, en leur redisant lui-même par quel lien d'éternelle reconnaissance le Ciel avait voulu l'enchaîner à l'âme du juste. Mais il était trop ému pour parler avec quelque suite ; il serrait avec une agitation impossible à rendre ces mains qu'on lui tendait comme à un frère, à un enfant chéri. « Oh! croyez-moi, croyez à mes paroles, répétait-il quand on le pressait de questions... C'est aux prières de M. de Laferronnays que je dois ma conversion. »

C'est chez moi que le nouveau converti passa le peu de jours qui s'écoulèrent jusqu'à la retraite par laquelle il devait se préparer au baptême. Il me communiquait quelques passages des lettres qu'il écrivait à sa fiancée, à son oncle, à tous les membres de sa famille, afin que je pusse pénétrer jusqu'au fond de son âme. Dans nos causeries intimes, il revenait sans cesse sur les preuves évidentes qui devaient convaincre les plus incrédules, de la miraculeuse intervention du Ciel dans sa conversion, et de sa propre sincérité.

« Les motifs les plus graves, disait-il, les intérêts » les plus puissants sur le cœur de l'homme, m'en» chaînaient à ma religion. On doit donc croire » un homme qui sacrifie tout à une conviction qui » ne peut venir que du Ciel... Si tout ce que j'ai » affirmé n'est pas rigoureusement vrai, je commets » l'acte le plus coupable, le plus insensé. »

« En débutant dans la religion que j'embrasse » par un mensonge sacrilége... non-seulement je » risque ma position dans cette vie, mais je perds » mon âme et j'assume sur ma tête l'effrayante res» ponsabilité de toutes celles qu'entraînerait mon » exemple... Où est donc mon intérêt? Hélas! » quand mon frère s'est converti au catholicisme et » s'est fait prêtre, j'ai été de toute la famille celui » qui l'a persécuté avec le plus d'acharnement. » Nous étions brouillés; moi du moins je le détes» tais; car, lui, il m'avait pardonné. A l'époque » de mes fiançailles, je me dis qu'il fallait me récon» cilier avec mon frère; je lui écrivis quelques lignes » bien froides, et il me répondit par une lettre pleine » de tendresse et de charité...

« L'un de mes jeunes neveux mourut, il y a dix-

» huit mois. Mon frère l'abbé voulut le baptiser ; » quand je le sus, je fus comme un furieux. »

« ... J'espère que Dieu m'enverra de cruelles » épreuves, afin de lui rendre gloire et de prouver » au monde que je suis de bonne foi. »

Oui, il est de bonne foi l'homme qui, à l'âge de vingt-huit ans, sacrifie toutes les joies de son cœur, toutes les espérances de sa vie, pour obéir à sa conscience. Car il a apprécié toutes les conséquences de sa résolution ; car il sait déjà que le christianisme c'est le culte de la croix ; on lui a dit et répété toutes les épreuves qui l'attendent, tous les devoirs qu'impose la religion nouvelle dans laquelle il brûle d'entrer.

Dès le premier moment où il a demandé le baptême, on l'a conduit auprès d'un vénérable ecclésiastique. Celui-ci, après l'avoir écouté avec une douce bonté, mais en même temps avec une grande gravité, lui a fait considérer attentivement les sacrifices qu'il aurait à remplir, les combats particuliers qui l'attendaient, les tentations, les épreuves de toute nature auxquelles une résolution semblable allait l'exposer ; et lui montrant un crucifix qui était sur sa table :

« Cette croix, lui dit-il, que vous avez vue pen» dant votre sommeil, quand une fois vous serez » baptisé, non-seulement il faudra l'adorer, mais la » porter ; puis, ouvrant le livre des saintes Écri» tures, il chercha le deuxième chapitre de l'Ecclé» siastique, et lut à M. Ratisbonne ces paroles :

« — Mon fils, lorsque vous vous engagez au ser» vice de Dieu, préparez votre âme à la tentation et » à l'épreuve, et demeurez ferme dans la justice et » dans la crainte du Seigneur ; tenez votre âme hu-

» miliée, et attendez dans la patience; prêtez l'o» reille aux paroles de la sagesse, et ne perdez » point courage au moment de l'épreuve: souffrez » avec patience l'attente et les retards de Dieu. » Demeurez uni à Dieu, et ne vous lassez pas d'at» tendre; acceptez de bon cœur tout ce qui vous » arrivera; demeurez en paix dans votre douleur, » et au temps de votre humiliation conservez la pa» tience; car l'or et l'argent s'épurent par le feu; » mais les hommes que Dieu veut recevoir au » nombre des siens, il les éprouve dans le creuset » des humiliations et de la douleur. Ayez donc » confiance en Dieu, il vous tirera de tous vos » maux; espérez en lui, conservez sa crainte, et » vieillissez dans son amour. »

La lecture de ces divines paroles fit sur Ratisbonne une profonde impression. Loin de le décourager, elles affermirent sa résolution, en le faisant entrer dès-lors dans les sentiments du christianisme le plus sérieux et le plus fort. Il les écouta néanmoins en silence; mais à la fin de la retraite qui précéda son baptême, la veille de cette grande journée, il alla, le soir, trouver le saint prêtre qui lui avait lu ces paroles huit jours auparavant, et lui en demanda une copie, en disant qu'il voulait les conserver et les méditer tous les jours de sa vie.

Tels sont les faits que je livre à la méditation de tous les hommes sérieux. Je les ai exposés sans art, dans toute leur vérité, pour l'édification de ceux qui croient, pour l'enseignement de ceux qui cherchent encore le lieu de leur repos; heureux, si, après avoir erré trop longtemps moi-même dans les ténèbres et les contradictions des sectes protestantes, je pouvais par ce simple récit, inspirer à quelque frère égaré la volonté de s'écrier comme l'aveugle de l'Évangile: *Seigneur, faites que je voie*; car celui qui prie ouvre bientôt les yeux au soleil de la vérité catholique.

Rome, le 17 *février* 1842.

Le Baron de BUSSIÈRE.

BAPTÈME
DE
M. A.-M. RATISBONNE.

« L'enceinte sacrée, dit le *Journal de Rome*, était remplie de personnages éminents et d'une foule considérable, tous désireux de voir ce jeune homme si tendrement protégé par la Mère des miséricordes. Après les exorcismes accoutumés à la grande porte de l'église, le cardinal célébrant, en habits pontificaux, conduisit à l'autel le néophyte, couvert du vêtement blanc des catéchumènes et accompagné du baron de Bussière, son parrain, et du père Villefort. Là, on lui administra les sacrements de baptême et de confirmation. Il est impossible d'exprimer l'émotion intérieure, la piété, la joie qui éclataient sur le visage du jeune Ratisbonne. Il voulut prendre le nom si doux de sa divine bienfaitrice, le nom de Marie. »

Rome, le 2 février 1842.

« Un étarnger arrive à Rome il y a quelques semaines. Il est jeune et riche. Il a toutes les habitudes d'élégance, tous les goûts de la brillante frivolité que donnent l'éducation et la fortune aux jeunes gens de son âge. Il semble ne demander à l'Italie que la douceur de ses tièdes hivers, quelques rayons de son soleil et de ses vieilles gloires, l'immortel splendeur de son ciel et de ses musées, le charme toujours renaissant de ses antiques souvenirs, et les parfums de poésie qui s'exhalent partout de ces ruines consacrées par toutes les grandes choses et tous les grands noms de l'histoire..... Je me trompe : il y a au fond du cœur de ce jeune homme une préoccupation plus sérieuse, un sentiment d'une profonde et violente énergie : il est juif, et il nourrit dans son âme contre le Catholicisme toutes les préventions, toute la haine de sa race, haine vivace, implacable et sombre ; c'est à ce point qu'il ne voulait pas mettre le pied dans Rome. Il y est venu cependant, et comme malgré lui ; mais à peine arrivé, il songe déjà à s'en éloigner. Il a vu la dégradation morale de ses coréligionnaires rélégués dans le plus sale quartier de la ville, il en accuse les Catholiques, sa haine éclate en amers sarcasmes, en horribles blasphèmes. Le matin du jour qu'il a fixé pour son départ, il écrit à son oncle : « Je m'en vais, avec une horreur profonde, de cette ville que je maudis..... » Et le même jour, quelques heures plus tard, ce même jeune homme, entré par hasard dans une église déserte, tombait à genoux comme anéanti, puis se relevait fondant en larmes et demandant un prêtre catholique, non pour se faire instruire et pour se convertir...., mais pour recevoir le baptême.... Sa conversion était complète ; il s'écriait *qu'il avait tout compris*.... Que s'est-il passé dans cette église ? Qu'a-t-il vu ? Qu'a-t-il entendu ? Je pourrais vous le dire ; tout Rome le raconte. Mais il y a des choses d'un ordre si élevé et si saintes de leur nature, qu'il n'appartient qu'à l'Eglise de les publier la première avec l'infaillible gravité de sa parole. Elle le fera, et vous saurez tout bientôt. Pour moi, je me borne à vous rapporter aujourd'hui, sans un mot d'exagération, tel qu'il s'est produit, tel qu'il m'a frappé, le fait inattendu, le fait public de cette conversion qui serait elle-même, avec toutes ses circonstances, un miracle inexplicable, si un miracle ne l'a pas déterminée. M. Alphonse Ratisbonne appartieut à l'une des premières familles juives de Strasbourg. Or, comme pour accumuler toutes les impossibilités morales contre la conversion de ce noble jeune homme, Dieu permet qu'elle ruine probablement ses plus belles espérances de fortune, d'autres espérances plus douces et plus chères à son cœur ; elle brise peut-être les liens d'un amour consacré par de solennelles fiançailles. » Il y a huit jours, écrit-il à sa jeune fiancée, si quelque malheur imprévu m'avait forcé de renoncer à toi, je ne m'en serais pas senti le courage, je me serais donné la mort....... Aujourd'hui, si ma nouvelle foi nous sépare, j'en ferai à Dieu le sacrifice sans répandre une larme, et toute ma vie je le prierai pour qu'il t'éclaire et qu'il nous réunisse au Ciel. »

M. Alphonse Ratisbonne a fait son abjuration publique le 31 janvier, dans l'église *del Gesù*, entre les mains du cardinal Patrizi. Vêtu d'une longue robe de soie blanche, le jeune cathécumène, conformément à la belle liturgie des premiers siècles, attendait au bas de l'église en dehors d'une barrière qui le séparait du lieu saint. Je ne le connaissais pas encore ; mais un intérêt indéfinissable, qui s'explique peut-être par les circonstances miraculeuses de sa conversion, m'attirait vers lui. Je me suis placé le plus près de lui qu'il m'a été possible, plutôt pour recueillir dans l'expression de sa figure les impressions de son âme, que pour suivre les détails de la touchante cérémonie qui allait avoir lieu. Le cardinal, après avoir fait sa prière à l'autel, et s'y être revêtu des habits pontificaux, s'est avancé processionnellement vers le cathécumène, à l'entrée de la grande nef. Là ont commencé les cérémonies des exorcismes. Jamais le caractère divin de cette liturgie pleine de mystères, ne m'avait révélé toute sa grandeur comme dans cette scène imposante. Connaissez-vous quelque chose de plus saisissant que ce dialogue : *Que demandez-vous ! — Le baptême. — Que voulez-vous encore ? — La vie. — Renoncez-vous à Satan ? — J'y renonce. — Croyez-vous en Jésus-Christ ? — J'y crois !*..... Lui, le descendant de ces Juifs qui le pendirent au bois infâme! Tout ce qui n'est que formule, même formule sacrée, disparaissait ici. A cette parole ferme, brève, énergique, au regard arrêté mais modeste de ce jeune homme debout devant le Pontife qui l'interroge, à la noble fermeté de son attitude, au calme presque impassible de ce visage, dont la pâleur naturelle laissait à peine entrevoir une légère altération, à tous ces traits d'un caractère résolu et froidement réfléchi, on ne voyait plus, on ne sentait plus que la grandeur de ce combat, où, après Dieu, le plus rare et le plus difficile de tous les courages, celui d'une conviction profonde, sans élan d'enthousiasme, sans entraînement d'imagination, avait vaincu ce qu'il y a de plus vivace et de plus fort dans le cœur, sa première croyance et ses premières affections. Un soupir d'ineffable bonheur s'est échappé de sa poitrine, un sourire a passé comme un éclair de céleste béatitude sur ses lèvres, lorsqu'il a relevé sa tête encore toute mouillée par les eaux du baptême. Tous l'ont vu ; il venait de franchir un abîme, il respirait, il était Chrétien !....

Alors toutes les barrières de l'église se sont abaissées devant l'innocence et la foi de cet âme régénérée. Au milieu des bénédictions d'une multitude immense qui remplissait la nef, et qui s'ouvrait comme un flot respectueux sur son passage, le jeune néophyte a été conduit à l'autel. Il y a reçu d'abord des mains du cardinal le sacrement de confirmation. A mesure que les dons du Saint-Esprit descendaient avec les bénédictions du Pontife sur sa tête, il me paraissait affaissé sous le poids de tant de grâces : il me semblait, aux mouvements de sa poitrine, que le bonheur arrivait à flots trop pressés dans son âme. On eût dit qu'avant de s'ouvrir aux célestes joies de sa première communion, son cœur avait besoin d'épancher le trop plein des saintes émotions qu'il ne pouvait plus contenir. La cérémonie a été un moment interrompue. Une voix connue et déjà chère à l'élite de cette pieuse assemblée presque toute composée de Français ou des étrangers catholiques, entre lesquels la glorieuse popularité de notre langue forme, comme la foi, une sorte de lien, a célébré les miséricordes infinies de Dieu et la miraculeuse protection de Marie qui venaient éclater au sein de Rome sur un enfant de la France. M. l'abbé Dupanloup a su trouver sans efforts, dans son propre cœur, pour exprimer les sentiments du nouveau Chrétien, ce langage élevé, cette grave et mâle énergie d'une foi vive, et ces élans de pathétique éloquence auxquels tout l'auditoire ému répondait par des larmes.

Enfin le sacrifice de la messe a commencé! Mes yeux n'ont jamais pu se détacher de M. Ratisbonne, anéanti dans son bonheur et dans la ferveur de sa prière. Je croyais lire dans son âme l'impression toujours croissante des sanglants souvenirs du Calvaire. Cela est impossible à rendre. Mais que vous dire de cette première pâque du nouveau chrétien! Comment vous représenter le moment solennel où le cardinal, d'une main tremblante d'émotion, a déposé la sainte hostie sur ses lèvres? Cette dernière grâce à fait déborder ce vase d'élection; lui, jusque là si calme dans sa ferveur, si ferme, et pour ainsi dire toujours maître de ses émotions, il n'a pu tenir au sentiment inconnu de cette félicité nouvelle, il a éclaté tout-à-coup en sanglots, et il a presque fallu le reporter défaillant de l'autel à sa place. Alors s'est aussi manifesté, dans son plus doux symbole, le dogme catholique de la *communion des saints*, mystère d'universelle et fraternelle union, par lequel des millions d'hommes de langue et de pays divers, qui jamais n'ont échangé leur nom ni l'hospitalité du foyer de la famille, se rencontrent dans une même pensée d'amour à la table mystique de Jésus-Christ, rompant ensemble le pain de la vie éternelle, et buvant au même calice le vin de l'infinie charité. De nobles femmes, des jeunes filles, des jeunes gens, des hommes dont les noms ou les services ont de l'éclat dans leur patrie, se sont avancés vers la table sainte, à la suite du néophyte, offrant à Dieu pour lui le mérite de ces ferventes communions, ainsi que des mères l'auraient fait pour leur fils, des sœurs pour leur frère, des amis pour leur ami. Le peuple lui-même, touché de ce spectacle, unissait à ce pieux cortége de prières et de bénédictions, des vœux hautement exprimés par des mots d'une douceur et d'un charme naïf que je ne saurais faire passer de la langue italienne dans notre langue. Enfin le *Te Deum* a éclaté, car c'est le seul mot qui puisse rendre l'effet électrique de ce cantique d'actions de grâces, mêlé au son de toutes les cloches *del Gesù*. Ce n'était plus un chant d'église, grave et modéré; c'étaient les vives acclamations d'une multitude immense saisie d'un enthousiasme religieux. Je prie Dieu de ne laisser jamais effacer de mon cœur le souvenir de tout ce que j'ai senti pendant ces trois heures : une telle impression est, sans contredit, l'une des grâces les plus précieuses qu'une âme chrétienne puisse recevoir. »

(Extrait de l'*Union Catholique.*)

« M. l'abbé Dupanloup, dans une allocution animée, célébra les grandeurs de la sainte Vierge, qui brillent d'un si vif éclat dans cette conversion. Mais, qui pourrait peindre la profonde émotion de Ratisbonne lorsqu'il dut s'approcher, et recevoir, pour la première fois, le corps de notre Seigneur! Son parrain fut obligé de le soutenir et de lui aider à se relever, tant il était ému par la présence réelle de son Dieu. Les larmes, qui tombaient de ses yeux, temoignaient assez de l'abondance des grâces célestes qu'il recevait en ce moment. Plusieurs personnes, également recommandables par leur piété et leur condition, voulurent témoigner au jeune converti leur joie fraternelle et chrétienne, en venant recevoir après lui la sainte Eucharistie.

Enfin, le recueillement profond et religieux du catéchumène, l'émotion du célébrant, l'empressement pieux de tous ceux qui entouraient l'autel, et ces impressions silencieuses et profondes qui se faisaient sentir dans le cœur de la foule des assistants, tout se réunissait pour imprimer à cette cérémonie sacrée ce caractère de sublime grandeur et de suavité inexprimable qui est l'attribut du culte catholique; et pour couronner dignement ce triomphe de la grâce divine, ce témoignage vivant des gloires de la Vierge-Mère, dont la bonté inépuisable ne cesse pas de prodiguer à son peuple, de nos jours encore, les faveurs les plus signalées. »

FIN.

LETTRE

DE

M. ALPHONSE RATISBONNE,

A M. Desgenettes, Curé de N.-D. des Victoires, à Paris.

Collége de Juilly, 12 avril 1842.

Ma première pensée et le premier cri de mon cœur, au moment de ma conversion, fut d'ensevelir ce secret avec mon existence tout entière au fond d'un cloître, afin d'échapper au monde, qui ne pouvait plus me comprendre, et de me donner tout à mon Dieu, qui m'avait fait entrevoir et goûter les choses d'un autre monde. Je ne voulus pas parler sans la permission d'un prêtre; on me conduisit vers celui qui représentait Dieu pour moi. Il m'ordonna de révéler ce qui m'était arrivé; je le fis, autant que cela m'était possible, de vive voix. Aujourd'hui je tâcherai, après quelques semaines de retraite, d'embrasser plus de détails; et c'est à vous, monsieur le Curé, à vous qui avez fondé l'Archiconfrérie pour la conversion des pécheurs; c'est à vous que les pécheurs doivent compte des grâces qu'ils ont obtenues.

Si je ne devais vous raconter que le fait de ma conversion, un seul mot suffirait : le nom de *Marie!* mais on vous demande d'autres faits; on veut savoir quel est ce fils d'Abraham qui a trouvé à Rome la vie, la grâce et le bonheur. Je veux donc, en invoquant d'abord l'assistance de ma céleste Mère, vous exposer bien simplement toute la suite de ma vie.

Ma famille est assez connue, car elle est riche et bienfaisante; et à ces titres, elle tient depuis longtemps le premier rang en Alsace. Il y a eu, dit-on, beaucoup de piété dans mes aïeux : les chrétiens, aussi bien que les juifs, ont béni le nom de mon grand-père, le seul juif qui, sous Louis XVI, obtint, non-seulement le droit de posséder des propriétés à Strasbourg, mais encore des titres de noblesse. Telle fut ma famille; mais aujourd'hui, les traditions religieuses y sont entièrement effacées.

Je commençai mes études sur les bancs du collége royal de Strasbourg, où je fis plus de progrès dans la corruption du cœur que dans l'instruction de l'intelligence.

C'était vers l'année 1825 (je suis né le 1er mai 1814); à cette époque, un événement porta un rude coup à ma famille. Mon frère Théodore, sur lequel on fondait de grandes espérances, se déclara chrétien; et bientôt après, malgré les plus vives sollicitations et la désolation qu'il avait causée, il alla plus loin, se fit prêtre, et exerça son ministère dans la même ville et sous les yeux de mon inconsolable famille. Tout jeune que j'étais, cette conduite de mon frère me révolta, et je pris en haine son habit et son caractère. Elevé au milieu de jeunes chrétiens indifférents comme moi, je n'avais éprouvé jusqu'alors ni sympathie, ni antipathie pour le christianisme; mais la conversion de mon frère, que je regardais comme une inexplicable folie, me fit croire au fanatisme des catholiques, et j'en eus horreur.

On me retira du collége pour me mettre dans une institution protestante, dont le magnifique prospectus avait séduit mes parents. Les fils des grandes maisons protestantes d'Alsace et d'Allemagne venaient s'y former à la vie fashionable de Paris, et s'adonnaient aux plaisirs bien plus qu'à la science. Je me présentai néanmoins aux examens en sortant de cette pension, et par un bonheur peu mérité, je fus reçu bachelier ès-lettres.

J'étais alors maître de mon patrimoine, puisque, bien jeune encore, je perdis ma mère; et quelques années après, mon père. Mais il me restait un digne oncle, le patriarche de toute ma famille, un second père, qui, n'ayant point d'enfants, avait mis toute son affection dans les enfants de son frère.

Cet oncle, si connu dans le monde financier par sa loyauté et sa capacité peu ordinaire, voulut m'attacher à la maison de banque dont il est le chef; mais je fis d'abord mon droit à Paris; et après avoir reçu le diplôme de licencié et revêtu la robe d'avocat, je fus rappelé à Strasbourg par mon oncle, qui mit tout en œuvre pour me fixer auprès de lui. Je ne saurais énumérer ses largesses : chevaux, voitures, voyages, mille générosités m'étaient prodiguées, et il ne me refusait aucun caprice. Mon oncle ajouta à ces témoignages d'affection une marque plus positive de sa confiance : il me donna la signature de la maison, et me promit, en outre, le titre et les avantages d'associé... promesse qu'il réalisa effectivement le 1er janvier de cette année. C'est à Rome que j'en reçus la nouvelle.

Mon oncle ne me faisait qu'un seul reproche, c'étaient mes fréquents voyages à Paris : Tu aimes trop les Champs-Elysées, me disait-il avec bonté. Il avait raison. Je n'aimais que les plaisirs; les affaires m'impatientaient, l'air des bureaux m'étouffait : je pensais qu'on est au monde pour en jouir; et, bien qu'une certaine pudeur m'éloignât des plaisirs et des sociétés ignobles, je ne rêvais cependant que fêtes et jouissances, et je m'y livrais avec passion.

Heureusement qu'à cette époque une bonne œuvre se présenta à mon besoin d'activité : je la pris chaudement à cœur. C'était l'œuvre de la *régénération* des pauvres Israélites, comme on l'appelle improprement; car je comprends aujourd'hui qu'il faut autre chose que de l'argent et des loteries de charité pour régénérer un peuple sans religion. Mais enfin je croyais alors à la possibilité de cette rénovation, et je devins un des membres les plus zélés de la *Société d'encouragement au travail en faveur des jeunes Israélites*, société que mon frère le prêtre avait fondée à Strasbourg, il y a une quinzaine d'années, et qui toujours a subsisté, malgré le peu de ressources dont elle pouvait disposer.

Je parvins à remplir sa caisse, et je crus avoir beaucoup fait.

O charité chrétienne! que tu as dû sourire à mon orgueilleux contentement! Le juif s'estime beaucoup quand il donne beaucoup; le chrétien donne tout et se méprise : il se méprise, tant qu'il ne s'est pas donné lui-même; et quand il s'est donné tout entier, il se méprise encore.

Je m'occupais donc laborieusement du sort de mes pauvres coréligionnaires, quoique je n'eusse aucune religion. J'étais juif de nom, voilà tout; car je ne croyais pas même en Dieu. Je n'ouvris amais un livre de religion; et dans la maison de non oncle, pas plus que chez mes frères et sœurs, on ie pratiquait la moindre prescription du judaïsme.

Un vide existait dans mon cœur, et je n'étais ioint heureux au milieu de l'abondance de toutes ioses. Quelque chose me manquait; mais cet bjet me fut donné aussi... du moins je le croyais!

J'avais une nièce, la fille de mon frère aîné, qui a'était destinée depuis que nous étions enfants tous leux. Elle se développait avec grâce sous mes eux, et en elle je voyais tout mon avenir et toute 'espéranee du bonheur qui m'était réservé. Il ne ne paraît pas convenable de faire ici l'éloge de elle qui fut ma fiancée. Cela serait inutile pour eux qui ne la connaissent pas; mais ceux qui l'ont ue savent qu'il serait difficile de s'imaginer une ieune fille plus douce, plus aimable et plus gracieuse. Elle était pour moi une création toute particulière, qui semblait faite uniquement pour compléter mon existence; et lorsque les vœux de toute na famille, d'accord avec nos sympathies mutuelles, xèrent enfin ce mariage si longtemps désiré; je crus uc désormais rien ne manquerait plus à ma félicité.

En effet, après la célébration de mes fiançailles, e voyais toute ma famille au comble de la joie; mes sœurs étaient heureuses! Elles ne me faisaient qu'un reproche, c'était d'aimer trop ma fiancée, et elles s'avouaient jalouses; car je dois dire ici qu'il est peu de familles où l'on s'aime plus que dans la mienne: la plus intime union, la plus tendre affection règne et régna toujours entre mes frères et sœurs, et cet amour va presque jusqu'à l'idolâtrie.... Oh! elles sont si bonnes, mes sœurs, si aimantes! Pourquoi donc ne sont-elles pas chrétiennes!

Il n'y avait qu'un seul membre de ma famille qui m'était odieux; c'était mon frère Théodore. Et cependant il nous aimait aussi; mais son habit me repoussait, sa présence m'offusquait; sa parole grave et sérieuse excitait ma colère. Un an avant mes fiançailles je ne pus retenir ces ressentiments, et je les lui exprimai dans une lettre qui dut rompre à jamais tous rapports entre nous. Voici en quelle occasion. Un enfant était à l'agonie, mon frère Théodore ne craignit point de demander ouvertement aux parents la permission de le baptiser. et peut-être allait-il le faire, quand j'eus connaissance de sa démarche. Je regardais ce procédé comme une indigne lâcheté; j'écrivis au prêtre de s'adresser à des hommes et non point à des enfants, et j'accompagnai ces paroles de tant d'invectives et de menaces, qu'aujourd'hui encore je m'étonne que mon frère ne m'ait pas répondu un seul mot. Il continua ses relations avec le reste de ma famille; quant à moi, je ne voulus plus le voir; je nourrissais une haine amère contre les prêtres, les églises, les couvents, et surtout contre les jésuites, dont le nom seul provoquait ma fureur.

Heureusement que mon frère quitta Strasbourg; c'était tout ce que je désirais. Il était appelé à Paris, à Notre-Dame-des-Victoires, où il ne cesserait, disait-il en nous faisant ses adieux, de prier pour la conversion de ses frères et sœurs. Son départ me soulagea d'un grand poids; je cédai même aux instances de ma famille à l'occasion de mes fiançailles, en lui écrivant quelques mots d'excuses; il me répondit avec amitié, me recommandant ses pauvres auxquels je fis en effet parvenir une petite somme.

Après cette espèce de racommodement je n'eus plus aucun rapport avec Théodore et je ne pensai plus à lui ; je l'oubliais.... tandis que lui, il priait pour moi !

Je dois consigner ici une certaine révolution qui s'opérait dans mes idées religieuses, à l'époque de mes fiançailles. Je l'ai dit, je ne croyais à rien ; et dans cette entière nullité, dans cette négation de toute foi, je me trouvais parfaitement en harmonie avec mes amis catholiques ou protestants ; mais la vue de ma fiancée éveillait en moi je ne sais quel sentiment de la dignité humaine ; je commençais à croire à l'immortalité de l'âme ; bien plus, je me mis instinctivement à prier Dieu ; je le remerciais de mon bonheur, et pourtant je n'étais pas heureux.... Je ne pouvais me rendre compte de mes sentiments ; je regardais ma fiancée comme mon bon ange, je le lui disais souvent ; et en effet sa pensée élevait mon cœur vers un Dieu que je ne connaissais pas, que je n'avais jamais prié ni invoqué.

On jugea convenable, à cause de l'âge trop tendre de ma fiancée, de retarder le mariage. Elle avait seize ans. Je dus faire un voyage d'agrément en attendant l'heure de notre union. Je ne savais de quel côté diriger mes courses ; une de mes sœurs, établie à Paris, me voulait près d'elle ; un excellent ami m'appelait en Espagne ; je résistai aux instances de plusieurs autres qui me communiquaient de séduisants projets. Je m'arrêtai enfin à la pensée d'aller droit à Naples, de passer l'hiver à Malte afin d'y fortifier ma santé délicate, et de revenir ensuite par l'Orient ; je pris même des lettres pour Constantinople, et je partis vers la fin de novembre 1841.

Je devais être de retour au commencement de l'été suivant.

Oh! que mon départ fut triste! Je laissais là une fiancée bien-aimée; un oncle qui ne s'épanouissait qu'avec moi; des sœurs, des frères, des nièces, dont la société faisait mes plus chères délices; je laissais là encore ces écoles de travail, ces pauvres Israélites dont je m'occupais si activement, et enfin des amis nombreux qui m'aimaient, des amis d'enfance que je ne pouvais quitter sans verser des larmes, car je les aimais et je les aime encore!....

Partir seul et pour un si long voyage! Cette pensée me jetait dans une profonde mélancolie. « Mais, me disais-je, Dieu m'enverra peut-être un » ami sur ma route! »

Je me rappelle deux singularités qui signalèrent les derniers jours qui précédèrent mon départ; et aujourd'hui ces souvenirs me frappent vivement.

Je voulus, avant de me mettre en voyage, donner ma signature à un grand nombre de quittances concernant la Société d'encouragement du travail... Je les datais d'avance du 15 janvier, et à force d'écrire ces dates sur une foule de pièces, je me fatiguai; et je me disais en posant ma plume :

» Dieu sait où je me trouverai le 15 janvier, et » si ce jour ne sera pas le jour de ma mort! »

Ce jour-là je me trouvai à Rome; et ce jour sera pour moi l'aurore d'une nouvelle vie!

Une autre circonstance intéressante fut la réunion de plusieurs Israélites notables qui s'assemblèrent pour aviser aux moyens de réformer le culte judaïque et de le mettre en harmonie avec l'esprit du siècle. Je me rendis à cette assemblée où chacun donna son avis sur les perfectionnements projetés. Il y avait autant d'avis que d'individus ; on discuta beaucoup ; on mit en question toutes les convenances de l'homme, toutes les exigences du temps, toutes les dictées de l'opinion, toutes les idées de la civilisation ; on fit valoir toute espèce de considérations ; on n'en oublia qu'une seule : La loi de Dieu. De celle-là, il ne fut pas question : je ne sache pas même que le nom de Dieu ait été prononcé une seule fois, pas plus que le nom de Moïse, ni le nom de la Bible.

Mon avis, à moi, était qu'on laissât tomber toutes les formes religieuses, sans recourir ni aux livres, ni aux hommes, et que chacun en particulier, comme tous ensemble, pratiquerait sa croyance à la façon qu'il l'entendrait.

Cet avis prouve ma haute sagesse en fait de religion ; j'étais dans le progrès, comme vous le voyez. On se sépara sans rien faire.

Un Israélite, plus sensé que moi, avait dit cette parole remarquable que je rapporte textuellement : « *Il faut nous hâter de sortir de ce vieux temple dont les débris craquent de toutes parts, si nous ne voulons pas être bientôt ensevelis sous ses ruines.* » Paroles pleines de vérité, que chaque israélite répète aujourd'hui tout bas. Mais, hélas ! Il y a dix-huit siècles qu'ils sont sortis de leur vieux temple, et ils n'entrent point dans le temple nouveau dont les portes sont ouvertes devant eux.

Je partis enfin. En sortant de Strasbourg, je pleurais beaucoup, j'étais agité d'une foule de craintes, de mille étranges pressentiments. Arrivé au premier relai, des cris de joie entremêlés de musique en plein vent me tirèrent de mes rêveries. C'était une noce de village qui était sortie joyeuse et bruyante de l'église au son des flûtes et des violons rustiques ; les gens de la noce entourèrent ma voiture comme pour m'inviter à prendre part à leur joie : « Bientôt ce sera mon tour !... m'écriai-je. » Et cette pensée ranima toute ma gaieté.

Je m'arrêtai quelques jours à Marseille, où mes parents et mes amis me reçurent avec fête. Je ne pus presque point m'arracher à cette élégante hospitalité. Il en coûte, en effet, de quitter les rives de France, quand on laisse derrière soi toute une vie d'affection et tant d'aimables souvenirs. Outre les chaînes qui m'arrêtaient à ces rivages, la mer elle-même semblait ne point vouloir me livrer passage ; elle soulevait des montagnes pour me barrer le chemin ; mais ces montagnes s'abaissèrent devant la vapeur qui me transporta à Naples. Je pus jouir bientôt du spectacle de l'immensité qui se déployait sur ma tête ; mais ce qui me frappait plus que le ciel et la mer, c'était l'homme, faible créature qui brave les dangers et maîtrise les éléments. Mon orgueil, en ce moment, s'élevait plus haut que les vagues de la mer, et formait de nouvelles montagnes plus tenaces et moins flexibles que les flots qui nous battaient.

Le navire, avant d'arriver à Naples, fit une halte à Civita-Vecchia. Au moment d'entrer au port, le canon du fort tonnait avec force. Je m'informai avec une maligne curiosité du motif de ce bruit de guerre sur les terres pacifiques du pape. — On me répondit : C'est la fête de la Conception de Marie. — Je haussai les épaules sans vouloir débarquer.

Le lendemain, à la lumière d'un soleil magnifique

qui étincelait sur la fumée du Vésuve, nous abordâmes à Naples. Jamais aucune scène de la nature ne m'avait plus vivement ébloui : Je contemplais alors avec avidité les brillantes images que les artistes et les poètes m'avaient données du ciel.

Je passai un mois à Naples pour tout voir et tout écrire ; j'écrivis surtout contre la religion et les prêtres qui, dans cet heureux pays, me semblaient tout à fait déplacés. Oh! que de blasphêmes dans mon journal! Si j'en parle ici, c'est pour faire connaître la noirceur de mon esprit. J'écrivis à Strasbourg que j'avais bu sur le Vésuve du *lacryma christi* à la santé de l'abbé Ratisbonne, et que de telles larmes me faisaient du bien à moi-même. Je n'ose transcrire les horribles jeux de mots que je me permis en cette circonstance.

Ma fiancée me demanda si j'étais de l'avis de ceux qui disent : Voir Naples et mourir. Je lui répondis : Non ; mais voir Naples et vivre, vivre pour la voir encore.

Telles étaient mes dispositions.

Je n'avais aucune envie d'aller à Rome, bien que deux amis de ma famille, que je voyais souvent, m'y engageassent vivement; c'étaient M. Coulmann, protestant, ancien député de Strasbourg, et M. le baron de Rotschild, dont la famille à Naples me prodiguait toute espèce de prévenances et d'agréments. Je ne pus céder à leurs conseils... Ma fiancée désirait que j'allasse droit à Malte, et elle m'envoya un ordre de mon médecin qui me recommandait d'y passer l'hiver, en me défendant positivement d'aller à Rome, à cause des fièvres malignes qui, disait-il, y régnaient.

Il y avait là plus de motifs qu'il n'en fallait pour

me détourner du voyage de Rome, si ce voyage s'était trouvé sur mon itinéraire. Je pensais y aller à mon retour, et je pris ma place à bord du *Mongibello* pour me rendre en Sicile. Un ami m'accompagna sur le bateau et me promit de revenir au moment du départ pour me dire adieu. Il vint, mais ne me trouva point au rendez-vous. Si jamais M. de Rèchecourt apprend le motif qni m'y a fait manquer, il s'expliquera mon impolitesse, et la pardonnera sans doute.

M. Coulmann m'avait mis en rapport avec un aimable et digne homme qui devait faire comme moi le voyage de Malte : j'étais heureux de cette rencontre, et je me disais : Ah ! voilà l'ami que le ciel m'a envoyé !

Cependant le bateau n'était pas encore parti le premier jour de l'an. Ce jour s'annonçait pour moi sous les plus tristes conditions. J'étais seul à Naples sans recevoir les vœux de personne, sans que j'eusse personne à serrer dans mes bras ; je pensais à ma famille, aux souhaits et aux fêtes qui entourent à pareille époque mon bon oncle ; je versais des larmes, et la gaieté des Napolitains augmentait ma tristesse. Je sortis pour me distraire, en suivant machinalement le flot de la foule. J'arrivai sur la place du Palais, et me trouvai, je ne sais comment, à la porte d'une église. J'y entre. On y disait la messe, je crois. Quoi qu'il en soit, je me tins là debout, appuyé contre une colonne, et mon cœur semblait s'ouvrir et aspirer une atmosphère inconnue. Je priais à ma manière, sans m'occuper de ce qui se passait autour de moi : je priais pour ma fiancée, pour mon oncle, pour mon père défunt, pour la bonne mère dont j'ai été privé si jeune, pour tous ceux qui m'étaient chers, et je demandais à Dieu quelques inspirations qui pussent me guider dans mes projets d'améliorer le sort des juifs, pensée qui me poursuit sans cesse.

Ma tristesse s'en était allée comme un noir nuage que le vent dissipe et chasse au loin ; et tout mon intérieur, inondé d'un calme inexprimable, ressentait une consolation semblable à celle que j'aurais éprouvée si une voix m'avait dit : *Ta prière est exaucée !* Oh ! oui, elle était exaucée au centuple et au delà de toutes prévisions, puisque le dernier jour du même mois, je devais recevoir solennellement le baptême dans une église de Rome !

Mais comment suis-je allé à Rome?

Je ne puis le dire, je ne puis me l'expliquer à moi-même. Je crois que je me suis trompé de chemin ; car, au lieu de me rendre au bureau des places de Palerme, vers lequel je me dirigeais, je suis arrivé au bureau des diligences de Rome. J'y suis entré et je pris ma place. Je fis dire à M. Vigne, l'ami qui devait m'accompagner à Malte, que je n'avais pu résister à faire une excursion à Rome, et que je serais positivement de retour à Naples pour en repartir le 20 *janvier*. J'eus tort de m'engager ; car c'est Dieu qui dispose, et cette date du 20 janvier devait marquer autrement dans ma vie. Je quittai Naples le 5, et j'arrivai à Rome le 6, jour des Rois. Mon compagnon de voyage était un anglais, nommé Marschal, dont la conversation originale m'amusa beaucoup en chemin.

Rome ne me fit point, au premier abord, l'impression que j'espérais. J'avais d'ailleurs si peu de jours à donner à cette excursion improvisée, que je me hâtais de dévorer en quelque sorte toutes les ruines anciennes et modernes que la ville offre à l'avidité d'un touriste. Je les entassais pêle-mêle dans mon imagination et sur mon journal. Je visitais avec une monotone admiration les galeries, les cirques, les églises, les catacombes, les innombrables magnificences de Rome. J'étais accompagné le plus souvent de mon anglais et d'un valet de place ; je ne sais à quelle religion ils appartenaient, car ni l'un ni l'autre ne se déclarèrent chrétiens dans les églises ; et, si je ne me trompe, je m'y conduisais avec plus de respect que les deux autres.

Le 8 janvier, au milieu de mes courses, j'entends une voix qui m'appelle dans la rue ; c'était un ami d'enfance, Gustave de Bussière. J'étais heureux de cette rencontre, car mon isolement me pesait. Nous allâmes dîner chez le père de mon ami, et, dans cette douce société, j'éprouvai quelque chose de cette joie qu'on ressent sur une terre étrangère, en retrouvant les vivants souvenirs du pays natal.

En entrant dans le salon, M. Théodore de Bussière, le fils aîné de cette honorable famille, le quittait. Je ne connaissais point personnellement le baron Théodore, mais je savais qu'il était l'ami de mon frère, son homonyme ; je savais qu'il avait abandonné le protestantisme pour se faire catholique ; c'en était assez pour m'inspirer une profonde antipathie. Il me semblait qu'il éprouvait à mon égard le même sentiment. Cependant, comme M. Théodore de Bussière s'était fait connaître par ses voyages en Orient et en Sicile, qu'il a publiés, j'étais bien aise avant d'entreprendre les mêmes courses, de lui demander quelques indications ; et, soit par ce motif, soit par simple politesse, je lui exprimai mon intention de lui faire ma visite. Il me fit une réponse de bon goût, et ajouta qu'il venait de recevoir des lettres de l'abbé Ratisbonne, et qu'il m'indiquerait la nouvelle adresse de mon frère. « Je la recevrai volontiers, lui dis-je, quoique je n'en use point. »

Nous en demeurâmes là; et, en me séparant de lui, je murmurais en moi-même de la nécessité où je m'étais engagé de faire une visite inutile et de perdre un temps dont j'étais avare.

Je continuai à courir dans Rome tout le long du jour, sauf deux heures que je passai le matin avec Gustave, et le repos que je prenais le soir au spectacle ou en soirée. Mes entretiens avec Gustave étaient animés; car entre deux camarades de pension, les moindres souvenirs fournissent d'intarissables sujets de rire et de causeries. Mais il était zélé protestant et enthousiaste comme le sont les piétistes d'Alsace. Il me vantait la supériorité de sa secte sur toutes les autres sectes chrétiennes, et cherchait à me convertir; ce qui m'amusait beaucoup; car je croyais que les catholiques seuls avaient la manie du prosélytisme. Je ripostais ordinairement par des plaisanteries; mais une fois, pour le consoler de ses vaines tentatives, je lui promis que si jamais l'envie me prenait de me convertir, je me ferais piétiste. Je lui en donnai l'assurance, et, à son tour, il me fit une promesse, celle de venir assister aux fêtes de mon mariage, au mois d'août. Ses instances pour me retenir à Rome furent inutiles. D'autres amis, MM. Edmond Humann et Alfred de Lotzbeck s'étaient joints à lui pour me déterminer à passer le carnaval à Rome. Mais je ne pus m'y décider; je craignais de déplaire à ma fiancée, et M. Vigne m'attendait à Naples, d'où nous devions partir le 20 janvier.

Je mis donc à profit les dernières heures de mon séjour à Rome, pour achever mes courses. Je me rendis au Capitole et visitai l'église de l'*Aracœli*. L'aspect imposant de cette église, les chants solennels qui retentissaient dans sa vaste enceinte, et les souvenirs historiques éveillés en moi par le sol même que je foulais aux pieds, toutes ces choses firent sur moi une impression profonde. J'étais ému, pénétré, transporté; et mon valet de place s'apercevant de mon trouble, me dit en me regardant froidement, que plus d'une fois il avait remarqué cette émotion dans les étrangers qui visitent l'*Aracœli*.

En descendant du Capitole, mon cicerone me fit traverser le Ghetto (quartier des Juifs). Là, je ressentis une émotion toute différente, c'était de la pitié et de l'indignation. Quoi! me disais-je à la vue de ce spectacle de misère, est-ce donc là cette charité de Rome qu'on proclame si haut? Je frissonnais d'horreur, et je me demandais si, pour avoir tué un seul homme il y a 18 siècles, un peuple tout entier méritait un traitement si barbare et des préventions si interminables!... Hélas! Je ne connaissais pas alors ce seul homme! et j'ignorais le cri sanguinaire que ce peuple avait poussé... cri que je n'ose répéter ici et que je ne veux pas redire. J'aime mieux me rappeler cet autre cri exhalé sur la croix : — *Pardonnez-leur, ô mon Dieu, car ils ne savent ce qu'ils font!*

Je rendis compte à ma famille de ce que j'avais vu et ressenti. Je me souviens d'avoir écrit que j'aimais mieux être parmi les opprimés que dans le camp des oppresseurs. Je retournai au Capitole où l'on se donnait beaucoup de mouvement à l'*Aracœli*, pour une cérémonie du lendemain. Je m'enquis du but de tant de préparatifs. On me répondit qu'on disposait la cérémonie du baptême de deux juifs, MM. Constantini, d'Ancône. Je ne saurais exprimer l'indignation qui me saisit à ces paroles; et quand mon guide me demanda si je voulais y assister : Moi! m'écriai-je! assister à de pareilles infamies! Non, non : je ne pourrais m'empêcher de me précipiter sur les baptisants et les baptisés!

Je dois dire sans crainte d'exagérer, que jamais de ma vie je n'avais été plus aigri contre le christianisme que depuis la vue du Ghetto. Je ne tarissais pas en moqueries et en blasphêmes.

Cependant j'avais des visites de congé à faire, et celle du baron de Bussière me revenait toujours à l'esprit comme une malencontreuse obligation que je m'étais gratuitement imposée. Très-heureusement je n'avais pas demandé son adresse, et cette circonstance me paraissait déterminante. J'étais enchanté d'avoir une excuse pour ne point effectuer ma promesse.

C'était le 15, et j'allai retenir ma place aux voitures de Naples : mon départ est arrêté pour le 17 à trois heures du matin. Il me restait deux jours, je les employai à de nouvelles courses. Mais en sortant d'un magasin de librairie où j'avais vu quelques ouvrages sur Constantinople, je rencontre au *Corso* un domestique de M. de Bussière père; il me salue et m'aborde. Je lui demande l'adresse de M. Théodore de Bussière; il me répond avec l'accent alsacien : Piazza Nicosia, n° 38.

Il me fallut donc, bon gré mal gré, faire cette

visite, et cependant je résistai vingt fois encore. Enfin je me décide en traçant un p. p. c. sur ma carte.

Je cherchai cette place Nicosia, et, après bien des détours et circuits, j'arrive au n° 38. C'était précisément la porte à côté du bureau des diligences où j'avais pris ma place le même jour. J'avais fait bien du chemin pour arriver au point d'où j'étais parti; itinéraire de plus d'une existence humaine! Mais du même point où je me trouvais alors, j'allais repartir encore une fois pour faire un tout autre chemin.

Mon entrée chez M. de Bussière me causa de l'humeur; car le domestique, au lieu de prendre ma carte, que je tenais en main, m'annonça et m'introduisit au salon. Je déguisai ma contrariété, tant bien que mal, sous les formes du sourire, et j'allai m'asseoir auprès de madame la baronne de Bussière, qui se trouvait entourée de ses deux petites filles, gracieuses et douces comme les anges de Raphaël. La conversation, d'abord vague et légère, ne tarda point à se colorer de toute la passion avec laquelle je racontais mes impressions de Rome.

Je regardais le baron de Bussière comme un dévot, dans le sens malveillant qu'on donne à ce terme, et j'étais fort aise d'avoir l'occasion de le tympaniser à propos de l'état des juifs romains. Cela me soulageait; mais ces griefs placèrent la conversation sur le terrain religieux. M. de Bussière me parla des grandeurs du catholicisme; je répondis par des ironies et des imputations que j'avais lues ou entendues si souvent; encore imposai-je un frein à ma verve impie, par respect pour madame de

Bussière et pour la foi des jeunes enfants qui jouaient à côté de nous. — « Enfin, me dit M. de » Bussière, puisque vous détestez la superstition » et que vous professez des doctrines si libérales, » puisque vous êtes un esprit fort si éclairé, auriez-» vous le courage de vous soumettre à une épreuve » bien innocente? — Quelle épreuve? — Ce serait » de porter sur vous un objet que je vais vous don-» ner. Voici; c'est une médaille de la sainte » Vierge. Cela vous paraît bien ridicule, n'est-ce » pas? Mais quant à moi, j'attache une grande va-» leur à cette médaille. »

La proposition, je l'avoue, m'étonna par sa puérile singularité. Je ne m'attendais pas à cette chute. Mon premier mouvement fut de rire en haussant les épaules; mais la pensée me vint que cette scène fournirait un délicieux chapitre à mes impressions de voyage, et je consentis à prendre la médaille comme une pièce de conviction que j'offrirais à ma fiancée. Aussitôt dit, aussitôt fait. On me passe la médaille au cou, non sans peine, car le nœud était trop court et le cordon ne passait pas. Enfin, à force de tirer, j'avais la médaille sur ma poitrine, et je m'écriai avec un éclat de rire: Ha! ha! me voici catholique, apostolique et romain! »

C'était le démon qui prophétisait par ma bouche.

M. de Bussière triomphait naïvement de sa victoire et voulut en remporter tous les avantages.

« Maintenant, me dit-il, il faut compléter l'é-» preuve. Il s'agit de réciter matin et soir le *Me-» morare*, prière très-courte et très-efficace, que » saint Bernard adressa à la vierge Marie. — Qu'est-» ce que votre *Memorare?* m'écriai-je; laissons ces » sottises! » Car, en ce moment, je sentais toute mon animosité se renouveler en moi. Le nom de saint Bernard me rappelait mon frère qui avait écrit l'histoire de ce saint, ouvrage que je n'avais jamais voulu lire; et ce souvenir réveillait à son tour tous mes ressentiments contre le prosélytisme, et le jésuitisme, et ceux que j'appelais tartufes et apostats.

Je priai donc M. de Bussière d'en rester là; et tout en me moquant de lui, je regrettais de n'avoir pas moi-même une prière hébraïque à lui offrir pour que la partie fût égale; mais je n'en avais point et n'en connaissais point.

Cependant mon interlocuteur insista; il me dit qu'en refusant de réciter cette courte prière je rendais l'épreuve nulle, et que je prouvais par cela même la réalité de l'obstination volontaire qu'on reproche aux Juifs.

Je ne voulus point attacher trop d'importance à la chose, et je dis : Soit! je vous promets de réciter cette prière; si elle ne me fait pas de bien, du moins ne me fera-t-elle pas de mal! » Et M. de Bussière alla la chercher, en m'invitant à la copier. J'y consentis, « à la condition, lui répondis-je, que je vous remettrai ma copie et garderai votre original. » Ma pensée était d'enrichir mes notes de cette nouvelle pièce justificative.

Nous étions donc parfaitement satisfaits l'un et l'autre; notre causerie, en définitive, m'avait paru bizarre, et elle m'amusa. Nous nous séparâmes, et j'allai passer la soirée au spectacle, où j'oubliai la médaille et le *Memorare*. Mais en entrant chez moi, je trouvai un billet de M. de Bussière, qui était venu me rendre ma visite et m'invitait à le revoir avant mon départ. J'avais à lui restituer son

Memorare, et, devant partir le lendemain, je fis mes malles et mes préparatifs, puis je me mis à copier la prière, qui était conçue en ces propres termes :

« Souvenez-vous, ô très-pieuse Vierge Marie,
» qu'on n'a jamais ouï dire, qu'aucun de ceux qui
» ont eu recours à votre protection, imploré votre
» secours et demandé votre suffrage, ait été aban-
» donné. Plein d'une pareille confiance, je viens,
» ô Vierge des vierges, me jeter entre vos bras, et,
» gémissant sous le poids de mes péchés, je me
» prosterne à vos pieds.... O Mère du Verbe, ne
» dédaignez pas mes prières, mais écoutez-les favo-
» rablement et les exaucez. »

J'avais copié machinalement ces paroles de saint Bernard, sans presque aucune attention. J'étais fatigué, l'heure était avancée et j'avais besoin de prendre du repos.

Le lendemain, 16 janvier, je fis signer mon passeport et achevai les dispositions du départ; mais, chemin faisant, je redisais sans cesse les paroles du *Memorare*. Comment donc, ô mon Dieu, ces paroles s'étaient-elles si vivement, si intimement emparé de mon esprit? Je ne pouvais m'en défendre; elles me revenaient sans cesse, je les répétais continuellement, comme ces airs de musique qui vous poursuivent, qui vous impatientent, et qu'on fredonne malgré soi et quelque effort qu'on fasse.

Vers onze heures, je me rendis chez M. de Bussière pour lui reporter son inextricable prière. Je lui parlai de mon voyage d'Orient, et il me fournit d'excellents renseignements.

« Mais, s'écria-t-il tout d'un coup, il est étrange
» que vous quittiez Rome dans un moment où tout
» le monde vient assister aux pompes de Saint-

» Pierre. Peut-être ne reviendrez-vous jamais, et » vous regretterez d'avoir manqué une occasion que » tant d'autres viennent chercher avec une si avide » curiosité. »

Je lui répondis que j'avais pris et payé ma place; que déjà j'en avais donné avis à ma famille; que des lettres m'attendaient à Palerme; qu'enfin, il était trop tard pour changer mes dispositions, et que décidément je partirais.

Ce colloque fut interrompu par l'arrivée du facteur, qui apportait à M. de Bussière une lettre de l'abbé Ratisbonne. Il m'en donna connaissance; je la lus, mais sans aucun intérêt, car il n'était question dans cette lettre que d'un ouvrage religieux que M. de Bussière fait imprimer à Paris. Mon frère ignorait d'ailleurs que je fusse à Rome. Cette épisode inattendu devait abréger ma visite; car je fuyais même le souvenir de mon frère.

Cependant, par une influence incompréhensible, je me décidai à prolonger mon séjour à Rome. J'accordais aux instances d'un homme que je connaissais à peine ce que j'avais obstinément refusé à mes amis et à mes camarades les plus intimes.

Quelle était donc, ô mon Dieu, cette impulsion irrésistible qui me faisait faire ce que je ne voulais pas? N'était-ce pas la même qui de Strasbourg me poussait en Italie, malgré les invitations de Valence et de Paris? la même qui de Naples me poussait à Rome, malgré ma détermination d'aller en Sicile? la même qui à Rome, à l'heure de mon départ, me forçait de faire la visite qui me répugnait, tandis que je ne trouvais plus le temps de faire aucune de celles que j'aimais? O conduite providentielle! Il y a donc une mystérieuse influence qui accompagne l'homme sur la route de la vie! J'avais reçu à ma naissance le nom de Tobie avec celui d'Alphonse. J'oubliai mon premier nom; mais l'ange invisible ne l'oublia point. C'était là le véritable ami que le ciel m'avait envoyé; mais je ne le connaissais pas. Hélas! il y a tant de Tobies dans le monde qui ne connaissent point ce guide céleste et qui résistent à sa voix!

Mon intention n'était pas de passer le carnaval à Rome; mais je voulais voir le Pape; et M. de Bussière m'avait assuré que je le verrais au premier jour à Saint-Pierre. Nous allâmes faire quelques courses ensemble. Nos conversations avaient pour objet tout ce qui frappait nos regards : tantôt un monument, tantôt un tableau, tantôt les mœurs du pays, et à ces divers sujets se mêlaient toujours les questions religieuses. M. de Bussière les amenait si naïvement, y insistait avec une ardeur si vive, que plus d'une fois, dans le secret de ma pensée, je me disais que si quelque chose pouvait éloigner un homme de la religion, c'était l'insistance même qu'on mettait à le convertir.

Ma gaieté naturelle me portait à rire des choses les plus graves, et aux étincelles de mes plaisanteries se joignait le feu infernal des blasphêmes auxquels je n'ose penser aujourd'hui, tellement j'en suis effrayé.

Et cependant, M. de Bussière, tout en m'exprimant sa doulenr, demeurait calme et indulgent. Il me dit même une fois : « Malgré vos emporte-
» ments, j'ai la conviction qu'un jour vous serez
» chrétien, car il y a en vous un fonds de droiture
» qui me rassure et me persuade que vous serez

» éclairé, dût pour cela le Seigneur vous envoyer » un ange du ciel. »

« — A la bonne heure, lui répondis-je, car autre» ment la chose serait difficile. »

En passant devant la *Scala santa*, M. de Bussière se prit d'enthousiasme. Il se leva dans sa voiture, et, se découvrant la tête, il s'écria avec feu : « Salut, » saint Escalier! voici un pécheur qui vous montera » un jour à genoux! »

Exprimer ce que produisit sur moi ce mouvement inattendu, cet honneur extraordinaire rendu à un *escalier*, serait chose impossible. J'en riais comme d'une action tout à fait insensée; et quand plus tard nous traversâmes la délicieuse *villa Volkonski*, dont les jardins éternellement fleuris sont entrecoupés par les acqueducs de Néron, j'élevai la voix à mon tour, et je m'écriai en parodiant la première exclamation : « Salut, vraies merveilles de Dieu! c'est » devant vous qu'il faut se prosterner, et non pas » devant un escalier! »

Ces promenades en voiture se renouvelèrent les deux jours suivants et durèrent une ou deux heures. Le mercredi 19, je revis encore M. de Bussière, mais il semblait triste et abattu. Je me retirai, par discrétion, sans lui demander la cause de son chagrin. Je ne l'appris que le lendemain à midi, dans l'église de Saint-André-des-Frères.

Je dus partir le 22; car j'avais de nouveau retenu ma place pour Naples. Les préoccupations de M. de Bussière avaient diminué son ardeur prosélytique, et je pensais qu'il avait oublié sa médaille miraculeuse, tandis que, moi je murmurais toujours avec une inconcevable impatience l'invocation perpétuelle de saint Bernard.

Cependant, au milieu de la nuit du 19 au 20, je me réveillai en sursaut : je voyais fixe devant moi une grande croix noire d'une forme particulière et sans Christ. Je fis des efforts pour chasser cette image; mais je ne pouvais l'éviter, et je la retrouvais toujours devant moi, de quelque côté que je me tournasse. Je ne pourrais dire combien de temps dura cette lutte. Je me rendormis; et le lendemain, à mon réveil, je n'y pensais plus.

J'avais à écrire plusieurs lettres; et je me rappelle que l'une d'elles, adressée à la jeune sœur de ma fiancée, se terminait par ces mots : *Que Dieu vous garde!...* Depuis, j'ai reçu un lettre de ma fiancée, sous la même date du 20 janvier; et, par une singulière coïncidence, cette lettre finissait par les mêmes mots : *Que Dieu vous garde!...* Ce jour-là était en effet sous la garde de Dieu!...

Toutefois, si quelqu'un m'avait dit dans la matinée de ce jour : *Tu t'es levé juif et tu te coucheras chrétien...* si quelqu'un m'avait dit cela, je l'aurais regardé comme le plus fou des hommes.

Le jeudi 20 janvier, après avoir déjeuné à l'hôtel et porté moi-même mes lettres à la poste, j'allai chez mon ami Gustave, le piétiste, qui était revenu de la chasse, excursion qui l'avait éloigné pendant quelques jours.

Il était fort étonné de me retrouver à Rome. Je lui en expliquai le motif : c'était l'envie de voir le Pape.

« Mais je partirai sans le voir, lui dis-je, car il n'a pas assisté aux cérémonies de la Chaire de saint Pierre, où l'on m'avait fait espérer qu'il se trouverait. »

Gustave me consola ironiquement en me parlant

d'une autre cérémonie tout à fait curieuse qui devait avoir lieu, je crois, à Sainte-Marie-Majeure. Il s'agissait de la bénédiction des animaux. Et sur cela, assaut de calembourgs et de quolibets, tels qu'on peut se les figurer entre un juif et un protestant.

Nous nous séparâmes vers onze heures, après nous être donné rendez-vous au lendemain ; car nous dûmes aller examiner ensemble un tableau qu'avait fait faire notre compatriote le baron de Lotzbeck. Je me rendis dans un café sur la place d'Espagne pour y parcourir les journaux, et je m'y trouvais à peine, quand M. Edmond Humann, le fils du ministre des finances, vint se placer à côté de moi, et nous causâmes très-joyeusement sur Paris, les arts et la politique. Bientôt, un autre ami m'aborde, c'était un protestant, M. Alfred de Lotzbeck, avec lequel j'eus une conversation plus futile encore, nous parlâmes de chasse, de plaisirs, des réjouissances du carnaval, de la soirée brillante qu'avait donnée la veille le duc de Torlonia. Les fêtes de mon mariage ne pouvaient être oubliées, j'y invitai M. de Lotzbeck, qui me promit positivement d'y assister.

Si, en ce moment (car il était midi), un troisième interlocuteur s'était approché de moi et m'avait dit : « Alphonse, dans un quart-d'heure tu adoreras Jé-
» sus-Christ, ton Dieu et ton Sauveur, et tu seras
» prosterné dans une pauvre église, et tu te frappe-
» ras la poitrine aux pieds d'un prêtre, dans un cou-
» vent de Jésuites, où tu passeras le carnaval pour te
» préparer au baptême, prêt à t'immoler pour la
» foi catholique ; et tu renonceras au monde, à ses
» pompes, à ses plaisirs, à ta fortune, à tes espé-

» rances, à ton avenir ; et, s'il le faut, tu renonce-
» ras encore à ta fiancée, à l'affection de ta famille,
» à l'estime de tes amis, à l'attachement des Juifs...
» et tu n'aspireras plus qu'à suivre Jésus-Christ et
» à porter sa croix jusqu'à la mort... » Je dis que si quelque prophète m'avait fait une semblable prédiction, je n'aurais jugé qu'un seul homme plus insensé que lui, c'eût été l'homme qui aurait cru à la possibilité d'une telle folie.

Et cependant, c'est cette folie qui fait aujourd'hui ma sagesse et mon bonheur.

En sortant du café, je rencontre la voiture de M. Théodore de Bussière. Elle s'arrête, et je fus invité à y monter pour une partie de promenade. Le temps était magnifique et j'acceptai avec plaisir. Mais M. de Bussière me demanda la permission de s'arrêter quelques minutes à l'église Saint-André-des-Frères, qui se trouvait presque à côté de nous, pour une commission qu'il avait à remplir. Il me proposa de l'attendre dans la voiture ; je préférai sortir pour voir cette église. On y faisait des préparatifs funéraires, et je m'informai du nom du défunt qui devait y recevoir les derniers honneurs. M. de Bussière me répondit : « C'est un de mes
» bons amis, le comte de La Ferronnays ; sa mort
» subite, ajouta-t-il, est la cause de cette tristesse
» que vous avez dû remarquer en moi depuis deux
» jours. »

Je ne connaissais pas M. de La Ferronnays ; je ne l'avais jamais vu, et je n'éprouvai d'autre impression que celle d'une peine assez vague, qu'on ressent toujours à la nouvelle d'une mort subite. M. de Bussière me quitta pour aller retenir une tribune destinée à la famille du défunt. — « Ne vous impa-

» tientez pas, me dit-il en montant au cloître, ce » sera l'affaire de dix minutes... »

L'église de Saint-André est petite, pauvre et déserte... je croyais y avoir été à peu près seul... aucun objet d'art n'y attirait mon attention; je promenai machinalement mes regards autour de moi, sans m'arrêter à aucune pensée; je me souviens seulement d'un chien noir qui sautait et bondissait devant mes pas... Bientôt, ce chien disparut, je ne vis plus rien... ou plutôt, ô mon Dieu, je vis une seule chose!!

Comment serait-il possible d'en parler? Oh! non, la parole humaine ne doit point essayer d'exprimer ce qui est inexprimable; toute description, quelque sublime qu'elle puisse être, ne serait qu'une profanation de l'ineffable vérité.

J'étais là, prosterné, baigné dans mes larmes, le cœur hors de moi-même, quand M. de Bussières me rappela à la vie.

Je ne pouvais répondre à ses questions précipitées; mais enfin je saisis la médaille que j'avais laissée sur ma poitrine; je baisai avec effusion l'image de la Vierge rayonnante de grâces... Oh! c'était bien elle!

Je ne savais où j'étais; je ne savais si j'étais Alphonse ou un autre; j'éprouvais un si total changement, que je me croyais un autre moi-même... je cherchais à me retrouver et je ne me retrouvais pas... La joie la plus ardente éclata au fond de mon âme; je ne pus parler; je ne voulais rien révéler; je sentais en moi quelque chose de solennel et de sacré qui me fit demander un prêtre... on m'y conduisit, et ce n'est qu'après en avoir reçu l'ordre positif, que je parlai selon qu'il m'était possible, à genoux et le cœur tremblant.

Mes premiers mots furent des paroles de reconnaissance pour M. de la Ferronnays et pour l'Archiconfrérie de Notre-Dame-des-Victoires. Je savais d'une manière certaine que M. de La Ferronnays avait prié pour moi *, mais je ne saurais dire comment je l'ai su, pas plus que je ne pourrais rendre compte des vérités dont j'avais acquis la foi et la connaissance. Tout ce que je puis dire, c'est qu'au moment du geste, le bandeau tomba de mes yeux; non pas un seul bandeau, mais toute la multitude de bandeaux qui m'avaient enveloppé disparurent successivement et rapidement comme la neige et la boue et la glace, sous l'action d'un brûlant soleil.

Je sortais d'un tombeau, d'un abîme de ténèbres, et j'étais vivant, parfaitement vivant,... mais je pleurais ! je voyais au fond de l'abîme les misères extrêmes d'où j'avais été tiré par une miséricorde infinie : je frissonnais à la vue de toutes mes iniquités et j'étais stupéfait, attendri d'admiration et de reconnaissance... Je pensais à mon frère avec une indicible joie; mais à mes larmes d'amour se mêlèrent des larmes de pitié. Hélas ! tant d'hommes descendent tranquillement dans cet abîme les

* On sait que M. le comte de La Ferronnays, après avoir édifié Rome par ses vertus et par la piété qui éclata dans les dernières années de sa vie, mourut subitement le 17 janvier au soir. La veille, il avait dîné chez le prince Borghèse, où M. de Bussière recommanda le jeune israélite aux prières de M. de La Ferronnays, qui témoigna le plus vif intérêt pour cette conversion.

yeux fermés par l'orgueil ou l'insouciance... ils y descendent, ils s'engloutissent tout vivants dans ces horribles ténèbres;... et ma famille, ma fiancée, mes pauvres sœurs!!! Oh! déchirante anxiété! C'est à vous que je pensais, ô vous que j'aime! c'est à vous que je donnais mes premières prières... Ne leverez-vous pas les yeux vers le Sauveur du monde, dont le sang a effacé le péché originel! Oh! que l'empreinte de cette souillure est hideuse! Elle rend complétement méconnaissable la créature faite à l'image de Dieu.

On me demande comment j'ai appris ces vérités, puisqu'il est avéré que jamais je n'ouvris un livre de religion, que jamais je ne lus une seule page de la Bible, et que le dogme du péché originel, totalement oublié ou nié par les juifs de nos jours, n'avait jamais occupé un instant ma pensée; je doute même d'en avoir connu le nom. Comment donc suis-je arrivé à cette connaissance? Je ne saurais le dire. Tout ce que je sais, c'est qu'en entrant à l'église, j'ignorais tout, et qu'en sortant je voyais clair. Je ne puis expliquer ce changement que par la comparaison d'un homme qu'on reveillerait subitement d'un profond sommeil, ou bien par l'analogie d'un aveugle-né qui tout à coup verrait le jour; il voit, mais il ne peut définir la lumière qui l'éclaire et au sein de laquelle il contemple les objets de son admiration. Si on ne peut expliquer la lumière physique, comment pourrait-on expliquer une lumière qui, au fond, n'est que la vérité elle-même? Je crois rester dans le vrai, en disant que je n'avais nulle science de la lettre, mais que j'entrevoyais le sens et l'esprit des dogmes. Je sentais ces choses plus que je ne les voyais, et je les sentais par les effets inexprimables qu'elles produisirent en moi. Tout se passait au dedans de moi; et ces impressions, mille fois plus rapides que la pensée, mille fois plus profondes que la réflexion, n'avaient pas seulement ému mon âme, mais elles l'avaient comme retournée et dirigée dans un autre sens, vers un autre but et dans une nouvelle vie.

Je m'explique mal; mais voulez-vous, Monsieur, que je renferme dans des mots étroits et secs des sentiments que le cœur même peut à peine contenir.

Quoi qu'il en soit de ce langage inexact et incomplet, le fait positif est que je me trouvais en quelque sorte comme un être nu, comme une table rase... Le monde n'était plus rien pour moi, les préventions contre le christianisme n'existaient plus; les préjugés de mon enfance n'avaient plus la moindre trace; l'amour de mon Dieu avait tellement pris la place de tout autre amour, que ma fiancée elle-même m'apparaissait sous un nouveau point de vue. Je l'aimais comme on aimerait un objet que Dieu tient entre ses mains, comme un don précieux qui fait aimer encore davantage le donateur.

Je répète que je conjurai mon confesseur, le R. P. de Villefort et M. de Bussière, de garder un secret inviolable sur ce qui m'était arrivé. Je voulus m'ensevelir au couvent des Trappistes pour ne plus m'occuper que des choses éternelles; et aussi, je l'avoue, je pensais que dans ma famille et parmi mes amis on me croirait fou, qu'on me tournerait en ridicule, et qu'ainsi mieux vaudrait échapper entièrement au monde, à ses propos et à ses jugements.

Cependant les supérieurs ecclésiastiques me montrèrent que le ridicule, les injures et les faux jugements faisaient partie du calice d'un vrai chrétien;

ils m'engagèrent à boire ce calice et m'avertirent que Jésus-Christ avait annoncé à ses disciples des souffrances, des tourments et des supplices. — Ces graves paroles, loin de me décourager, enflammèrent ma joie intérieure; je me sentais prêt à tout, et je sollicitais vivement le baptême. On voulut le retarder: « Mais, quoi! m'écriai-je, les Juifs qui » entendirent la prédication des apôtres, furent » immédiatement baptisés, et vous voulez m'ajour- » ner, après que j'ai entendu la reine des apôtres! » Mes émotions, mes désirs véhéments, mes supplications touchèrent les hommes charitables qui m'avaient recueilli, et l'on me fit la promesse, à jamais bienheureuse, du baptême!

Je ne pouvais presque pas attendre le jour fixé pour la réalisation de cette promesse, tellement je me voyais difforme devant Dieu! Et cependant, que de bonté, que de charité ne m'a-t-on pas témoigné pendant les jours de ma préparation! J'étais entré au couvent des Pères Jésuites pour vivre dans la retraite, sous la direction du R. P. de Villefort, qui nourrissait mon âme de tout ce que la parole divine a de plus suave et de plus onctueux. Cet homme de Dieu n'est pas un homme, c'est un cœur, c'est une personnification de la céleste charité! Mais à peine avais-je les yeux ouverts, que je découvris autour de moi bien d'autres hommes du même genre, dont le monde ne se doute pas. Mon Dieu, que de bonté, que de délicatesse et de grâce dans le cœur de ces vrais chrétiens! Tous les soirs, pendant ma retraite, le vénérable Supérieur Général des Jésuites venait lui-même jusqu'à moi et versait dans mon âme un baume du ciel. Il me disait quelques mots, et ces mots semblaient s'ouvrir et grandir en moi, à mesure que je les écoutais, et ils me remplissaient de joie, de lumière et de vie !

Ce prêtre si humble et à la fois si puissant aurait pu ne point me parler, car sa seule vue produisait en moi l'effet de la parole ; son souvenir aujourd'hui encore suffit pour me rappeler la présence de Dieu et allumer ma plus vive reconnaissance. Je n'ai point de termes pour exprimer cette reconnaissance ; il me faudrait un cœur bien autrement vaste et cent bouches, pour dire quel amour je ressens pour ces hommes de Dieu, pour M. Théodore de Bussière, qui a été l'ange de Marie, pour la famille de La Ferronnays, à laquelle je porte une vénération et un attachement au-dessus de toute expression !

Le 31 janvier arriva enfin ; et ce ne sont plus quelques âmes, mais toute une multitude d'âmes pieuses et charitables qui m'enveloppèrent en quelque sorte de tendresse et de sympathie ! Combien je voudrais les connaître et les remercier ! Puissent elles toujours prier pour moi comme je prie pour elles.

O Rome, quelle grâce j'ai trouvée dans ton sein !

La Mère de mon sauveur avait tout disposé d'avance ; car elle avait fait venir là un prêtre français pour me parler ma langue maternelle au moment solennel du baptême : c'est M. Dupanloup, dont le souvenir se rattachera toute ma vie aux émotions les plus vives que j'aie éprouvées. Heureux ceux qui l'ont entendu ! car les échos de cette puissante parole, qu'on a répétée plus tard, ne rendront jamais l'effet de la parole elle-même. Oh ! oui, je sentais qu'elle était inspirée par celle-là même qui faisait l'objet du discours.

Je ne rapporterai point les choses qui regardent

mon baptême, ma confirmation et ma première communion, grâces ineffables que j'ai toutes reçues en ce même jour des mains de S. E. le cardinal Patrizi, vicaire de Sa Sainteté.

J'aurais trop à vous dire si je m'abandonnais à vous rendre mes impressions, si je redisais ce que j'ai vu, entendu et ressenti... si je rappelais surtout la charité qui m'a été prodiguée. Je nommerai seulement ici l'éminentissime cardinal Mezzofante.... Le Seigneur a doté cet illustre personnage du don des langues, comme une récompense accordée à un cœur qui se fait tout à tous.

Une dernière consolation m'était réservée.

Vous vous rappelez quel était mon désir de voir le Saint-Père, désir ou plutôt curiosité qui m'avait retenu à Rome. Mais j'étais loin de me douter dans quelles circonstances ce désir se réaliserait. C'est en qualité d'enfant nouveau-né de l'Église que je fus présenté au Père de tous les fidèles. Il me sembla que dès mon baptême j'éprouvais pour le Souverain Pontife les sentiments de respect et d'amour d'un fils ; j'étais donc bienheureux quand on m'annonça que je serais conduit à cette audience sous les ailes du R. P. Général des Jésuites ; mais pourtant je tremblais, car je n'avais jamais paru devant les grands du monde, et ces grands me paraissaient alors bien petits en comparaison de cette vraie grandeur. J'avoue que toutes les majestés du monde me semblaient concentrées sur celui qui possède ici-bas la puissance de Dieu, sur le Pontife qui, par une succession non interrompue, remonte à saint Pierre et au grand-prêtre Aaron, le successeur de Jésus-Christ lui-même, dont il occupe la chaire inébranlable !

Je n'oublierai jamais la crainte et les battements de cœur qui m'oppressaient en entrant au Vatican, en traversant tant de vastes cours, tant de salles imposantes qui conduisent au sanctuaire du Pontife. Mais toutes ces anxiétés tombèrent et firent place à la surprise et à l'étonnement, quand je le vis lui-même si simple, si humble et si paternel! Ce n'était point un monarque, mais un père dont la bonté extrême me traitait comme un enfant bien-aimé !

Mon Dieu, en sera-t-il ainsi au dernier jour, quand il faudra paraître devant vous pour rendre compte des grâces reçues? On tremble à la pensée des grandeurs de Dieu et l'on redoute sa justice; mais à la vue de sa miséricorde, la confiance renaîtra sans doute, et avec la confiance, un amour et une reconnaissance sans bornes.

Reconnaissance! telle sera désormais ma loi et ma vie! Je ne puis l'exprimer en paroles, mais je tâcherai de l'exprimer par mes actes...

Les lettres de ma famille me rendent toute ma liberté : cette liberté, je la consacre à Dieu et je la lui offre dès à présent, avec ma vie entière, pour servir l'Église et mes frères, sous la protection de Marie!

. . . .

. . . .

ALPHONSE RATISBONNE.

On assure que M. Alphonse RATISBONNE est entré depuis au noviciat des Jésuites, à Toulouse.

BIBLIOTHEQUE ROYALE
I

www.ingramcontent.com/pod-product-compliance
Ingram Content Group UK Ltd.
Pitfield, Milton Keynes, MK11 3LW, UK
UKHW021215230726
13926UKWH00003B/1038